Dedicado a:

Por:

Fecha:

CÓMO OÍR
LA VOZ
DE DIOS

CÓMO OÍR
LA VOZ
DE DIOS

NUESTRA VISIÓN

*Alimentar espiritualmente al pueblo de Dios por medio
de enseñanzas, libros y predicaciones; así como, expandir
la palabra de Dios a todos los confines de la tierra.*

Cómo Oír la Voz de Dios

Segunda edición 2004

Publicado en la Librería del Congreso
Certificado de Registración: TX 5-814-520

ISBN: 1-59272-015-3

Portada diseñada por:
GM International - Departamento de Diseño

**Citas bíblicas tomadas de la Santa Biblia, Revisión 1960
©Sociedades Bíblicas Unidas**

Categoría:
Profecía: Cómo Oír la Voz de Dios

Publicado por:
GM International
14291 SW 142 St., Miami, FL 33186
Tel: (305) 233-3325 – Fax: (305) 233-3328

Impreso por:
GM International

Dedicatoria

Dedico este libro al único que merece toda la gloria, la honra y la adoración, al Rey de reyes y Señor de señores. A Jesús, quien me dio vida cuando estaba muerto, y quien es la principal razón de mi existencia.

Agradecimientos

Quiero agradecer a Dios, a quien pertenezco y sirvo, por darme fuerzas y ayudarme en todos mis caminos, a mi esposa y a mis hijos que son mi apoyo incondicional y comparten conmigo este ministerio.

También, quiero expresar mi agradecimiento a cada las personas que, de una u otra forma, han hecho posible la elaboración de este libro. Desde los que oran, hasta los que han participado en los detalles más pequeños. A todos ellos, muchas gracias.

¡Que Dios les bendiga!

Índice

Prólogo

Mientras leía este libro, meditaba en la siguiente escritura:

"²⁵Hay también otras muchas cosas que hizo Jesús, las cuales, si se escribieran una por una, pienso que ni aun en el mundo cabrían los libros que se habrían de escribir, amén". Juan 21.25

Teniendo esto en mente, use su imaginación y entre en una de las muchas tiendas cristianas de hoy día. Mire los miles de libros que han sido escritos de "El Libro". Ahí encontrará variaciones imaginables, en todas las áreas o temas que se encuentras en la Biblia. Así que, en esta montaña de papel y tinta, ¿cómo se puede encontrar un poco de oro espiritual? Hay ocasiones en las cuales estamos bendecidos de parte de Dios porque Él mismo lo pone en nuestras manos y este libro es ciertamente merecedor de su tiempo y esfuerzo. Éste es uno de esos libros especiales, escritos no por una persona que conoce acerca de Dios, sino de una persona que conoce a Dios.

El tema "Cómo Oír La Voz de Dios" es vital en estos momentos. Estamos viviendo en tiempos difíciles y más que nunca estamos necesitados de tener oídos espirituales para escuchar.

En este libro, no hay grasa que simplemente llene las páginas. En su lugar, encontrará una montaña de bistec espiritual para aquellos que les gusta comer carne.

Aunque este libro se titule *Cómo Oír la Voz de Dios*, en él no va a encontrar una fórmula de diez pasos fáciles; pero, sí encontrará un llamado a la santidad, obediencia, fe y madurez espiritual, si está buscando realmente lo que es la poderosa manifestación del Espíritu Santo que opere en su vida.

Se le ha prestado cuidadosa atención a las diferentes maneras en las cuales Jesús es revelado a través del poder de Dios en nuestras vidas a medida que le servimos. Cada línea está llena de instrucción, definiciones, aplicaciones y ejemplos sencillos de la vida diaria.

El don manifestado en un maestro es el de tomar un material complejo y presentarlo de una manera sencilla y comprensible; no tratando de impresionar al lector con la mucha sabiduría que posee el maestro, pero sí demostrando un deseo sincero de enseñar y edificar el cuerpo de Cristo. La prueba del maestro es cuánta información usted puede aplicar a su vida cuando la enseñanza termina. Este libro refleja todo esto y mucho más.

He experimentado tres décadas en el ministerio de los dones del Espíritu Santo; y sin embargo, este libro me ha enseñado cosas nuevas y me ha inspirado a entrar más profundo en las cosas de Dios, y a esperar más de Él cómo nunca antes.

En sus manos, está un libro especialmente ungido, pero como el escritor enseña: "no busque conocimiento solamente", propóngase en su corazón aplicarlo en todas las áreas de su vida.

Dr. Ronald E. Short
Apóstol y Maestro al mundo hispano

Introducción

*U*na de las mayores limitaciones del cristiano de hoy, es la dificultad para escuchar la voz de Dios. Desde nuestro nacimiento y a lo largo de toda nuestra existencia, nos hemos acostumbrado a oír voces procedentes de diferentes fuentes. Por esa razón, el poder discernir con precisión cuál es la voz de Dios, es prácticamente toda una odisea para muchos.

La urgente necesidad que tiene la iglesia de Cristo, de conocer y desarrollar la habilidad para escuchar la voz de Dios con mayor exactitud, y la carencia de bibliografía en esta área, es el motivo que me ha impulsado a escribir este libro.

Los antiguos paradigmas[1] que dicen que Dios solamente habló en el pasado, o que sólo los grandes siervos de Dios son los que tienen el privilegio de oír su voz, tienen que cambiar. Dios está interesado en comunicarse con su pueblo hoy, y ésta es una verdad que usted tiene que abrazar si realmente desea escuchar la voz del Espíritu Santo.

Mediante la lectura de este libro, usted podrá descubrir con lujo de detalles, con fundamentos

---

[1] Ejemplo que sirve de norma.

bíblicos y de forma sencilla y clara, cómo aprender a reconocer la voz de Dios en un mundo saturado de muchas voces.

CAPÍTULO I

Dios quiere hablarnos

En un mundo de tinieblas, como en el que vivimos, de inseguridad, temor y donde escuchamos diferentes voces, es importante que todo creyente, ministro y líder, aprenda a escuchar la voz de Dios. Se han visto extremos en los círculos evangelísticos con relación a este tema, un ejemplo de esto es, que existen personas que no creen que Dios habla hoy. Simplemente, creen que es un Dios que habló en algún tiempo, pero que ahora se ha callado. Sin embargo, mediante la lectura de la Biblia, podemos ver que Dios siempre ha querido hablar y comunicarse con su pueblo.

Por otro lado, se debe tener en cuenta que existen muchos creyentes que utilizan el nombre de Dios en vano, diciendo frases como éstas: "Dios me dijo", "Dios me habló que me divorcie", "Dios me habló que usted tiene que casarse conmigo", etcétera. Usan el nombre de Dios para manipular, controlar y hacer cosas que están en contra de la voluntad de Dios; y en realidad, Él no les ha dicho nada.

Algunos de los pecados que Dios odia son: la mentira y el tomar su nombre en vano, por lo que declarar algo que Él no dijo, trae consecuencias de maldición a nuestra vida, según lo expresa el siguiente versículo bíblico:

"⁷No tomarás el nombre de Jehová, tu Dios, en vano, porque no dará por inocente Jehová al que tome su nombre en vano".
Éxodo 20.7

Ahora, el hecho de que hayan personas que utilicen el nombre de Dios en vano, no significa que no existan personas genuinas en Dios que sepan oír su voz y hablen lo que Él les dice. El propósito de este libro es aprender a oír la voz de Dios, y también, enseñar a otros a hacer lo mismo.

Somos el producto de nuestras propias decisiones. Por eso, es importante reconocer que lo que decidimos hacer hoy, eso es lo que vendremos a ser mañana. No podemos tomar decisiones basadas en la opinión de otras personas, o según las experiencias pasadas, sino que debemos aprender a oír la voz de Dios, buscar su rostro y no tomar decisiones a la ligera. *¡Aprendamos a oír la voz de Dios!*

¿Dios habla hoy?

Según mencioné anteriormente, algunas personas tienen ideas y patrones del pasado que los han hecho creer que Dios no habla hoy a su pueblo. La palabra de Dios nos enseña que Él habló ayer, habla hoy y seguirá hablando. Su deseo es comunicarse con su pueblo.

"¹Dios, habiendo hablado muchas veces y de muchas maneras en otro tiempo a los padres por los profetas, ²en estos últimos días nos ha hablado por el Hijo, a quien constituyó heredero de todo y por quien asimismo hizo el universo".
Hebreos 1.1, 2

A continuación, veamos algunos ejemplos bíblicos donde Dios le habló a personas que sabían oír su voz.

En el Antiguo Testamento...

- Dios habló a Moisés.

    La palabra de Dios nos enseña que Dios habló a Moisés cara a cara sin ningún intermediario.

    "¹⁴Respondió Dios a Moisés: YO SOY EL QUE SOY. Y añadió: Así dirás a los hijos de Israel: YO SOY me envió a vosotros". Éxodo 3.14

- Dios habló a Samuel.

    En este caso, vemos cómo Dios habló a Samuel en voz audible, y él responde de una manera obediente.

    "¹⁰Vino Jehová, se paró y llamó como las otras veces: ¡Samuel, Samuel! Entonces Samuel dijo: Habla, que tu siervo escucha". 1 Samuel 3.10

En el Nuevo Testamento...

- Dios habló al apóstol Pablo.

  Cuando el apóstol Pablo perseguía a la iglesia e iba con cartas para capturar y matar a los creyentes, el Señor se le apareció en visión y le habló.

  "³Pero, yendo por el camino, aconteció que, al llegar cerca de Damasco, repentinamente lo rodeó un resplandor de luz del cielo; ⁴y cayendo en tierra oyó una voz que le decía: Saulo, Saulo, ¿por qué me persigues?" Hechos 9.3, 4

- Dios habló al apóstol Juan.

  Juan estaba preso en la isla de Patmos, pero estaba buscando al Señor con todo su corazón, y vemos cómo Dios le habló y le dio el libro de Apocalipsis.

  "¹⁰Estando yo en el Espíritu en el día del Señor oí detrás de mí una gran voz, como de trompeta..."
  Apocalipsis 1.10

Como podemos ver, Dios siempre ha deseado hablarle a su pueblo, tanto en el pasado como en el presente. Él es un Dios vivo y real. Tenemos que cambiar nuestra mentalidad vieja, que dice que Dios habló en el pasado y a ciertas personas solamente.

¿Por qué Dios quiere hablarnos?

- **Dios desea comunicarnos sus planes y propósitos para nuestra vida.**

La comunicación es parte de su ser. La naturaleza de Dios es hablar con su creación. Él comunica sus deseos, planes, el presente y el futuro, porque es parte intrínseca[2] de su ser.

Las Escrituras nos hablan lo siguiente: "...si oyes hoy su voz...", nos está hablando en tiempo presente y Dios habita en el eterno presente; por eso, su nombre es "El Gran Yo Soy". Dios es hoy, es decir, habla hoy y sana hoy. Si estamos dispuestos a obedecerle, podremos escuchar su voz. Algunas veces, nuestro oído espiritual está bloqueado, y no sabemos oír al Señor cuando nos habla. La palabra de Dios nos enseña que Él es espíritu y, por lo tanto, una condición fundamental para poder oírlo es vivir en el espíritu.

En el Antiguo Testamento, Dios hablaba directamente a los profetas, reyes y sacerdotes, pero el pueblo tenía que ir a consultar al profeta para encontrar una respuesta de Dios. En el Nuevo Testamento, Dios renueva nuestro espíritu y ahora podemos oírlo directamente. No significa que Dios no nos puede hablar a través de un profeta; sí, Él lo

---

2 Que es propio de algo por sí mismo.

puede hacer, así también puede hablar directamente a nuestro espíritu.

El hombre es un ser tripartito[3]

Cuando Adán pecó, el hombre perdió la habilidad de oír a Dios. El espíritu del hombre fue invadido por las tinieblas. Después, vino Jesús, quien murió y resucitó al tercer día para restaurar al hombre de su pecado y, de esta manera, todo aquel que cree en Él, tiene vida eterna y recibe el nuevo nacimiento.

El nuevo nacimiento trae varios cambios o beneficios al espíritu del hombre. Éstos son:

*"[25]Esparciré sobre vosotros agua limpia y seréis purificados de todas vuestras impurezas, y de todos vuestros ídolos os limpiaré. [26]Os daré un corazón nuevo y pondré un espíritu nuevo dentro de vosotros. Quitaré de vosotros el corazón de piedra y os daré un corazón de carne. [27]Pondré dentro de vosotros mi espíritu, y haré que andéis en mis estatutos y que guardéis mis preceptos y los pongáis por obra".
Ezequiel 36.25-27*

- **Un nuevo espíritu o corazón.** En el corazón del hombre, ocurre una renovación completa, que le devuelve la habilidad de oír nuevamente la voz de Dios, como un día la oía Adán en el huerto del Edén.

---

[3] Dividido en tres partes, órdenes o clases.

- **El Espíritu Santo viene a morar en nosotros.**
Al estar limpios y cambiados, Dios mismo viene a
hacer morada en nosotros. La palabra de Dios
nos enseña que somos templo del Espíritu Santo
de Dios.

- **Un corazón de carne.** Dios nos da un corazón
sensible para poder oír su voz y para ser dóciles a
su guía. El hombre pecador no puede oír la voz
del Señor porque su espíritu y su conciencia están
cauterizados por el pecado, pero un creyente
nacido de nuevo tiene la habilidad de oír al Señor.

- **Un corazón que puede oír, entender y hacer
la Palabra.** Cuando todas estas cosas ocurren,
nuestro espíritu está listo para caminar en lo
sobrenatural. Nuestro espíritu fue renovado y
hecho nuevo por medio del nuevo nacimiento.
Por lo tanto, todo nuevo creyente puede oír a
Dios y caminar en lo sobrenatural.

Cuando decimos que el hombre es un ser tripartito,
nos referimos a que éste está compuesto de tres
partes: Espíritu, alma y cuerpo.

Espíritu - Es el medio por el cual nos comunicamos
con Dios, porque Dios es espíritu.

*"23Pero la hora viene, y ahora es, cuando los verdaderos
adoradores adorarán al Padre en espíritu y en verdad, porque
también el Padre tales adoradores busca que lo adoren.*

"²⁴Dios es Espíritu, y los que le adoran en espíritu y en verdad es necesario que le adoren". Juan 4.23, 24

Este pasaje está diciendo que Dios le habla al hombre y se comunica con él por medio de su espíritu renovado. ¡Qué maravilloso es saber que ahora podemos comunicarnos con el Padre, podemos hablar cara a cara con Él y nos puede contar de sus planes y sus propósitos!

Alma - Es la esfera emocional y mental del hombre, donde se originan los sentimientos. Dios no se comunica con el hombre por medio de su alma, sino por medio de su espíritu.

Cuerpo - Es el recipiente donde están depositados el espíritu y el alma del hombre. Dios, tampoco nos habla por medio del cuerpo.

El medio por el cual el hombre se comunica con Dios, es "su espíritu renovado".

¿Cuáles son las tres grandes voces en el mundo?

En un mundo de tinieblas y oscuridad, tenemos que aprender a conocer y a discernir las tres diferentes voces, y a tomar decisiones correctas basadas en la voz de Dios, únicamente.

1. **La voz de nuestro espíritu.** Esta voz es la que en la Biblia se denomina como la conciencia. Es

parte de nuestro espíritu y, además, nos enseña a discernir entre el bien y el mal.

"16Por esto procuro tener siempre una conciencia sin ofensa ante Dios y ante los hombres". Hechos 24.16

2. **La voz del diablo.** Así como Dios habla a su pueblo, también el enemigo habla; y trata de imitar la voz de Dios, con el propósito de engañarnos. He visto muchos creyentes engañados por el enemigo porque nunca han aprendido a discernir las tres diferentes voces.

3. **La voz de Dios.** El Señor nos puede hablar de diferentes maneras, y una de ellas es por medio de su Espíritu Santo. La mayoría de las veces, cuando el Espíritu Santo nos habla directamente, es porque Dios quiere comunicarnos algo demasiado importante, ya sea de vida o muerte, un llamado ministerial o cualquier otra cosa de gran revelación para el Reino.

¿Cómo podemos discernir estas voces?

Hay muchos creyentes que me dicen: Pastor, ¿cómo puedo saber cuándo es la voz del diablo, la voz de Dios o la voz de mi espíritu que me habla? Esto, usualmente, sucede cuando las personas no están familiarizadas con la voz de Dios. Veamos la siguiente ilustración:

En el sistema de radio, por ejemplo, existen varias frecuencias radiales: SW, AM, FM y FM estéreo.

- **Frecuencia SW u onda corta.** Hay que tener una antena especial para poder oírla, ya que tiene más interferencia que la frecuencia AM. Regularmente, la mayor parte de las frecuencias de onda corta son de larga distancia, y por esa razón, no se oyen bien.

- **Frecuencia AM.** En general, tiene una pequeña interferencia por las noches, y a veces, no se puede oír con claridad.

- **Frecuencia FM.** Es más clara y nítida que las anteriores, pero todavía tiene un poco de interferencia o ruido.

- **Frecuencia FM estéreo.** Es la más nítida de todas. Se escucha clara, y algunas veces, parece que la persona nos está hablando de cerca o al frente de nosotros. Esta frecuencia no tiene ninguna interferencia.

De la misma manera que hay niveles de frecuencia en el sistema de radio, así también hay muchos creyentes que oyen a Dios en diferentes frecuencias. Algunos no pueden oírlo muy claro, otros lo oyen mejor, pero con interferencia, y otros saben oír la voz de Dios, claramente.

¿Qué ejercicios espirituales se deben practicar para oír mejor la voz de Dios?

- **El ayuno y la oración.** El ayuno crea gran sensibilidad en nuestro espíritu para oír la voz de Dios.

- **El orar abundantemente en el espíritu.** Cuando oramos en lenguas, nuestro espíritu se edifica y se desarrolla. Procure orar una hora en lenguas o en el espíritu todos los días, y después de cierto tiempo, algo le sucederá a su espíritu; se volverá sensible a la voz del Señor.

- **Meditar en la palabra de Dios.** El meditar la Palabra crea sensibilidad a la voz de Dios. Tome un versículo de la Biblia diariamente y medítelo, háblelo, susúrrelo para sí mismo y empezará a ver resultados.

El poder discernir las tres voces viene como resultado del cumplimiento de dos condiciones:

- **Madurez espiritual.** Una señal de madurez espiritual se da cuando el creyente es guiado por el Espíritu Santo. El creyente maduro ha llegado a conocer con claridad la voz de Dios.

"14Todos los que son guiados por el Espíritu de Dios, son hijos de Dios". Romanos 8.14

- **El uso.** Cuando continuamente estamos utilizando los sentidos para oír al Señor, logramos discernir la voz de Dios. Cualquier don espiritual es desarrollado cuando lo usamos o lo practicamos a menudo.

*"⁴El alimento sólido es para los que han alcanzado madurez, para los que por el **uso** tienen los sentidos ejercitados en el discernimiento del bien y del mal".* Hebreos 5.14

Cuando nos ejercitamos continuamente en oír la voz de Dios, vamos creciendo, nos familiarizamos con su voz y podemos decir como Jesús dijo en Juan 10.27: **"Mis ovejas oyen mi voz, y yo las conozco, y me siguen".** Escuchar la voz de Dios, es un ejercicio que debemos practicar de continuo para poder desarrollar la capacidad de discernir su voz de las otras voces. El hombre fue creado para oír la voz de Dios, y por esta razón, debería ser fácil para los creyentes oír su voz a menudo.

¿Cuál es la clave fundamental para oír la voz de Dios?

- Estar dispuesto a obedecer.

  Una de las razones por las cuales Dios deja de hablarle a muchos creyentes, es porque no están dispuestos a obedecer. Muchos me dicen: "Pastor, Dios a mí no me habla". Si éste es su caso, antes de decir esto, pregúntese cuándo fue la última vez que el Señor le habló y usted no hizo lo que Él le pidió. Cuando la identifique, arrepiéntase, pida perdón a Dios, y verá que pronto, él le volverá a hablar. Cuando somos obedientes, Dios nos habla.

La palabra **obediencia** implica dos cosas en el griego: *"akouo"* que significa oír para obedecer, y *"hupakouo"*, que significa persuadir, escuchar, oír para hacer. En esencia, obediencia es oír con oídos espirituales y poner por obra lo que Dios nos ordene hacer.

Algunas veces, Dios nos pedirá hacer cosas que van en contra de nuestro razonamiento, que no serán fáciles de hacer, pero tenemos que estar dispuestos a obedecer, a pesar del lugar, las circunstancias o las personas. Si deseamos oír su voz, la obediencia es la clave para lograrlo. En mi caso, prefiero equivocarme pensando que estoy obedeciendo a la voz de Dios, que quedarme estático sin hacer nada.

CAPÍTULO II

Medios y métodos por los cuales Dios habla

*A*nteriormente, estudiamos que Dios desea hablarnos hoy a cada uno de nosotros, y que lo hace por medio de nuestro espíritu renovado. Dijimos también, que las razones fundamentales por las cuales Él quiere hablarnos, son: porque es su naturaleza y porque anhela comunicarnos sus planes y sus propósitos.

Ahora, estudiaremos tres medios por los cuales Dios se revela y se comunica con su pueblo. Éstos son:

* **El oír**

  Cuando hablamos de oír, no es un oír físico, sino espiritual. Nuestro espíritu tiene un oído espiritual, al igual que nuestro cuerpo tiene un oído físico, y es un medio por el cual el Señor nos habla.

  "¹³Cuando Elías lo oyó, se cubrió el rostro con el manto, salió y se puso a la puerta de la cueva. Entonces, le llegó una voz que le decía: —¿Qué haces aquí, Elías?"
  1 Reyes 19.13

- ## El ver

Cuando hablamos de ver en el espíritu, es cuando el Señor nos deja ver el mundo espiritual, y cuando esto sucede, podemos ver imágenes mentales, visiones y sueños.

"47Cuando Jesús vio a Natanael que se le acercaba, dijo de él: ¡Aquí está un verdadero israelita en quien no hay engaño! 48Le dijo Natanael: ¿De dónde me conoces? Jesús le respondió: Antes que Felipe te llamara, cuando estabas debajo de la higuera, te vi". Juan 1.47, 48

- ## El sentir

El sentir es una percepción[4] interior, una intuición[5] del Espíritu Santo dentro de nosotros; es un saber interior que no tiene nada que ver con un sentir físico o carnal, sino que es un testimonio interior, un sentir en nuestro espíritu.

*"23...salvo que el Espíritu Santo por todas las ciudades me da **testimonio** de que me esperan prisiones y tribulaciones. 24Pero de ninguna cosa hago caso ni estimo preciosa mi vida para mí mismo, con tal que acabe mi carrera con gozo, y el ministerio que recibí del Señor Jesús,*

---

4 Percibir: recibir impresiones, apreciar algo por medio de los sentidos o por la inteligencia.

5 Conocimiento inmediato de una cosa, idea o verdad, sin el concurso del razonamiento.

para dar testimonio del evangelio de la gracia de Dios".
Hechos 20.23, 24

Cada creyente debe familiarizarse con la forma o el medio como Dios le habla. En mi caso, la mayor parte de las veces, el Señor me habla por medio del sentir y el ver, pero Dios le habla a cada creyente de una forma diferente.

¿Cómo podemos estar seguros que estamos oyendo la voz de Dios?

Usted no puede identificar un billete de cien dólares falso si antes no se ha familiarizado con un billete genuino. El billete falso es detectado cuando se conoce bien el billete genuino[6]. De la misma manera, cuando un creyente conoce la voz de Dios, fácilmente puede identificar la voz del enemigo, porque está genuinamente familiarizado con la voz de Dios.

"³A éste abre el portero, y las ovejas oyen su voz; y a sus ovejas llama por nombre y las saca. ⁴Y cuando ha sacado fuera todas las propias, va delante de ellas; y las ovejas lo siguen porque conocen su voz. ⁵Pero al extraño no seguirán, sino que huirán de él, porque no conocen la voz de los extraños. ⁶Esta alegoría[7] les dijo Jesús, pero ellos no entendieron qué era lo que les quería decir". Juan 10.3-5

---

[6] Que conserva sus características propias y originarias.

[7] Ficción en virtud de la cual una persona o cosa representa o simboliza otra distinta.

¿Cuáles son los métodos que Dios utiliza para hablarnos?

Anteriormente, señalamos los medios por los cuales Dios habla, que son: el oír, el ver y el sentir. Ahora estudiaremos los **métodos** que Él utiliza para hablar.

1. El testimonio interior

¿Qué es el testimonio interior? Es una impresión en lo profundo de nuestro espíritu, una intuición interior, una percepción, un saber, es un sentir y un impulso en nuestro espíritu.

En nuestro espíritu, tenemos algo llamado intuición, con la cual conocemos y percibimos las cosas espirituales. El testimonio interior no es una voz, sino un sentir. Es una pequeña impresión, un saber en nuestro espíritu dado por el Espíritu Santo. Recuerde que las cosas espirituales se conocen por esa intuición interior. Sin embargo, el entender las cosas espirituales es obra de la mente. Así como el alma tiene sentimientos emocionales, el espíritu tiene sentimientos espirituales. El testimonio interior es el método más frecuente, usado por Dios para hablar a su pueblo.

La palabra de Dios dice: El Espíritu da testimonio de que somos hijos de Dios. Es un saber que tenemos todos los creyentes, que si morimos, vamos al cielo. Hay un saber interior, una intuición, un testimonio que nos dice que somos hijos de Dios.

Pablo tuvo un testimonio

"²³...salvo que el Espíritu Santo por todas las ciudades me da testimonio de que me esperan prisiones y tribulaciones". Hechos 20.23

El apóstol Pablo no dice: el Espíritu Santo me habla. En lo espiritual, él dice: "el Espíritu Santo me da testimonio" (yo percibo, yo siento en mi espíritu) que "prisiones me esperan".

Jesús tuvo un testimonio

"¹²Luego el Espíritu lo impulsó al desierto". Marcos 1.12

"⁸Y conociendo luego Jesús en su espíritu que pensaban de esta manera dentro de sí mismos, les preguntó: ¿Por qué pensáis así?" Marcos 2.8

La traducción amplificada dice: *"y cuando Jesús vino a darse cuenta totalmente en su espíritu...".* Jesús percibió, se dio cuenta, estaba consciente en su espíritu de lo que ellos cavilaban[8] en sus corazones.

---

[8] Cavilar: reflexionar tenazmente sobre algo.

El sentido espiritual de Jesús era extremadamente puro y sensible. Él captó lo que estaban pensando. Ese percibir no vino de una voz audible, sino de un sentir del corazón; Él tuvo un testimonio interior.

A continuación, veremos algunos testimonios en mi vida de cómo Dios me ha hablado por medio del testimonio interior.

Nuestro testimonio como Iglesia

Cruzada de milagros y sanidades

Tuvimos una cruzada de sanidad y milagros en una escuela de la ciudad de Miami. Desde que llegué al servicio, le pregunté al Señor cómo Él quería llevar a cabo la sanidad sobre el pueblo. Le pregunté qué método debía usar para orar por los enfermos, que si Él quería que yo impusiera las manos a todos los enfermos, o que si quería que les hablará la Palabra. Inmediatamente, tuve un testimonio, un saber, un sentir de imponer manos sobre los enfermos. Le volví a preguntar al Señor y tuve el mismo sentir: "pon las manos sobre las personas". Cuando llegó la hora de orar por los enfermos, hice todo lo contrario. Ore por los enfermos, predique la Palabra sobre ellos, pero me di cuenta de que nada sucedía. Ya casi se estaba terminando el servicio; así que, llamé a las personas que estaban en sillas de ruedas y a las que estaban caminando con muletas. A estas personas, sí les impuse las manos, y de pronto, dos personas se levantaron de sus sillas de ruedas, y tres de los cuatro que andaban con muletas, las dejaron a un lado y empezaron a caminar. Cuando llegué a mi casa, iba un poco frustrado porque solamente esas pocas personas habían sido sanadas, pero inmediatamente, Dios me habló y dijo: "¿por qué me desobedeciste? Yo te mandé a poner las manos y hablaste la Palabra"; lo mismo que le dijo a Moisés: "háblale a la roca", pero Moisés golpeó la roca. Si hubiese seguido el testimonio interior, de haber puesto las manos desde el principio, hubiese tenido maravillosos resultados, y Dios hubiese sanado más enfermos.

Dios sana los ojos

En otra ocasión, estaba enseñando en un discipulado bíblico en la iglesia (en Miami); y de repente, sentí un impulso del Espíritu en mi corazón: "ora por todos los que tienen problemas en los ojos". No fue una voz, sino una ·percepción, una intuición. Tuve un saber en mi espíritu para orar por todos los que tenían problemas en los ojos. Cuando los llamé a todos al frente, casi todas las personas obtuvieron la sanidad de enfermedades, tales como: cataratas, miopía y astigmatismo, entre otras. ¡Gloria a Dios si seguimos el testimonio del Espíritu Santo!

Viaje a Venezuela

En otra oportunidad, fui enviado a predicar a Venezuela; pero, en ese tiempo, las huelgas y manifestaciones causaban graves problemas al gobierno.

Un pastor amigo me llamó y me dijo que viajara a ese país; pero, cuando me habló, tuve un testimonio en mi espíritu y sentí en el corazón que no debía ir. Era una pequeña impresión en mi espíritu de no ir, pero no le hice caso a ese testimonio. Mi esposa, también sentía que no debía ir, sin embargo, compré mi pasaje y me fui. Para mi sorpresa, cuando llegué a Venezuela, habían declarado toque de queda. Cerraron todos los lugares públicos, incluyendo las iglesias. Perdí tiempo y dinero, y no pude predicar. Dios quería evitarme ese viaje, pero no le hice caso al testimonio interior.

Algunas veces, Dios, de antemano, me hace sentir lo que quiere hacer antes de cada servicio. Otras veces, siento en mi espíritu solamente alabar y adorar a Dios y así sucesivamente. Sigamos ese testimonio interior dado por el Espíritu Santo y tendremos victoria en todo lo que hagamos.

2. La conciencia

¿Qué es la conciencia? Es otro de los métodos que Dios usa para hablarnos. La conciencia es la voz de nuestro espíritu. Es el medio u órgano espiritual que Dios ha dado al hombre para que pueda distinguir entre el bien y el mal.

La conciencia es el punto donde Dios expresa su santidad, porque por medio de ella percibimos lo que agrada y desagrada a Dios; también, es la que reprueba el pecado y aprueba la justicia. Cuando hablamos de la conciencia, que es la voz de nuestro espíritu, ya no estamos hablando de un testimonio interior sino de una voz dentro de nosotros, que nos reprende si hacemos algo malo y nos justifica si hacemos lo correcto.

Cuando Adán pecó, perdió su intuición y la comunión con Dios, y lo único que quedó operando en él fue su conciencia. A medida que el tiempo ha transcurrido, la conciencia del hombre se ha ido cauterizando[9] por causa del pecado. El hombre ya no oye la voz de su conciencia porque, continuamente, está llevando una vida desenfrenada, llena de pecado.

Ser fiel a nuestra conciencia es el primer paso para vivir en santidad. Una buena

---

[9] Refiérase a la página 45 (conciencia cauterizada).

conciencia y un buen testimonio interior son inseparables.

Para tener una buena comunión con Dios, es necesario tener una conciencia limpia y purificada por la sangre de Jesús.

"¹⁴¿Cuánto más la sangre de Cristo, el cual mediante el Espíritu eterno se ofreció a sí mismo sin mancha a Dios, limpiará vuestras conciencias de obras muertas para que sirváis al Dios vivo?" Hebreos 9.14

Una sola ofensa en nuestra conciencia puede impedir el oír la voz de Dios y tener comunión con Él. Una conciencia manchada con ofensas está bajo una constante acusación y eso afectará nuestra relación con Dios.

"²⁰...pues si nuestro corazón nos reprende, mayor que nuestro corazón es Dios, y Él sabe todas las cosas. ²¹Amados, si nuestro corazón no nos reprende, confianza tenemos en Dios..." 1 Juan 3.20, 21

¿Qué hacen ciertos creyentes para silenciar la voz de la conciencia?

Discutir con ella. Intentan acumular razones para justificar sus acciones, y usan excusas para poder aliviar su conciencia. Sin embargo, no aceptan lo que Dios les está hablando. Usan expresiones, tales como: "no diezmo ni ofrendo porque todos los pastores son unos ladrones". Tratan de justificar su acción para aliviar su conciencia, y de esa manera, no obedecer la palabra de Dios.

Alivian su conciencia haciendo muchas obras. Las obras son hechas con el propósito de disminuir los sentimientos de culpa que surgen en nuestro espíritu de parte de Dios, donde nos dice que estamos actuando en desobediencia.

Existen tres tipos de conciencia:

1. **Conciencia buena.** Es aquella que no tiene ninguna acusación delante de Dios ni delante de los hombres. Este tipo de conciencia está lista y sensible para oír la voz de Dios.

2. **Conciencia débil.** Es aquella que se contamina, que se deja influenciar fácilmente y el enemigo la acusa. Una persona con conciencia débil puede ser contaminada fácilmente, y el enemigo la puede acusar en cada momento.

3. **Conciencia cauterizada.** Es aquella que presenta un estado de indiferencia ante el pecado; producto de pecar continuamente. Una persona con una conciencia cauterizada, peca sin sentirse mal. Estas personas son las que, mayormente, terminan por apartarse del evangelio.

"Pero el Espíritu dice claramente que, en los últimos tiempos, algunos apostatarán de la fe, escuchando a espíritus engañadores y a doctrinas de demonios, ²de hipócritas y mentirosos, cuya conciencia está cauterizada". 1 Timoteo 4.1, 2

Cuando no tenemos cuidado de oír la voz de nuestra conciencia; cuando somos reprendidos e insistimos en pecar, podríamos llegar hasta la apostasía. ¿Ha tomado usted una decisión en su vida y después de haberla hecho, se ha sentido mal? ¿Siente que la voz de su conciencia le habla y le dice: "no lo hubieses hecho"? Pues quiero decirle que ése era Dios hablándole a su conciencia y dejándole saber que lo que hizo estuvo mal. Nuestra conciencia nos defiende o nos acusa de lo que hacemos para Dios y para los hermanos.

"¹⁵...mostrando la obra de la Ley escrita en sus corazones, dando testimonio su conciencia y acusándoles o defendiéndoles sus razonamientos". Romanos 2.15

Pablo vivía con una buena conciencia.

"¹Entonces Pablo, mirando fijamente al Concilio, dijo: Hermanos, yo con toda buena conciencia he vivido delante de Dios hasta el día de hoy". Hechos 23.1

"¹²Nuestro motivo de orgullo es éste: el testimonio de nuestra conciencia, de que con sencillez y sinceridad de

Dios (no con sabiduría humana, sino con la gracia de Dios) nos hemos conducido en el mundo, y mucho más con vosotros". 2 Corintios 1.12

Pablo sabía vivir delante de Dios con una buena conciencia. Él sabía cuándo Dios le estaba hablando, y cuándo estaba haciendo lo correcto y agradable delante de Dios.

Mi testimonio: El primer domingo de cada mes, acostumbrábamos hacer una cruzada de sanidad y milagros. Ese domingo que hicimos una cruzada fuera de la iglesia, no estuve satisfecho con lo que sucedió. Quería más milagros, más sanidades y más salvaciones. Entonces, me fui para mi casa y me quejé con Dios, diciéndole: "Señor, ya no vuelvo a hacer cruzadas de milagros, no se salvó toda la gente que quería. No hubo las sanidades que esperaba ni tampoco los milagros que deseaba. Señor, ya no hago más servicios de este tipo; invierto mucho dinero, ayuno, oración y no obtengo los resultados que espero". Cuando terminé de orar, Dios comenzó a hablarme por medio de mi conciencia. Empezó a decirme que era un mal agradecido, que no apreciaba todas las personas que se salvaron y que se sanaron; más bien, lo tenía en poco. Mi conciencia me acusó y me sentí muy mal delante de Dios. En otras palabras, Dios me estaba diciendo: "tu queja y tu rebeldía han llegado a mi trono". El Señor me lo dejó saber por medio de mi conciencia, al sentirme mal. Después, le pedí perdón a Dios, me arrepentí y la acusación en mi conciencia se fue. Dios habló a mi conciencia, mediante la voz de mi espíritu, reprobando mi acción.

La conciencia trabaja según el conocimiento de la Palabra. Cada vez que recibimos luz de la Palabra en algún área de nuestra vida, nuestra conciencia se activa en esa área específica. Si somos fieles a nuestra conciencia, que es la voz de nuestro espíritu, empezaremos a caminar en santidad; y si mantenemos una conciencia limpia, habrá una comunicación directa con Dios y oiremos mejor su voz.

¿Cómo podemos mantener una conciencia limpia?

Cada vez que pequemos u ofendamos al Señor, no esperemos un largo tiempo para arrepentirnos y pedirle perdón. En el momento que sintamos la represión de nuestra conciencia, debemos pedir perdón al Señor y corregir la ofensa. De esa manera, mantendremos una conciencia limpia y pura para oír su voz.

3. La voz del Espíritu Santo

Anteriormente, estudiamos que Dios nos habla por el testimonio interior, por la conciencia, que es la voz de nuestro espíritu. Ahora, vamos a estudiar la forma como Dios nos habla por medio de la voz del Espíritu Santo. La mayor parte de las veces que el Espíritu Santo habla a nuestra vida, es porque desea comunicarnos algo de suma importancia. Puede ser algo que tenga que ver con nuestro llamado, que sea de vida o muerte para nosotros, o que pueda afectar positiva o negativamente a muchas personas. También, puede ser algo que cambie el rumbo de un ministerio o una visión. Dios se asegura que oigamos directamente la voz del Espíritu Santo.

¿Cómo es la voz del Espíritu Santo?

Es una voz suave y tierna, pero al mismo tiempo, con gran autoridad. Algunas veces, parece que es como si alguien nos estuviera hablando con voz audible, fuertemente. El Espíritu Santo no nos habla en todo momento de forma directa. Cuando Él habla, lo hace en un momento específico. La mayoría de las veces, habla por medio del testimonio interior y trae paz al corazón. Su voz siempre viene desde adentro y desde nuestro espíritu.

¿Cómo diferenciar la voz del enemigo y la voz del Espíritu Santo?

La voz del diablo...

- Trae temor, ansiedad y preocupación.

- Siempre viene dirigida en primera persona. Es una voz que tergiversa[10] los pensamientos de la persona, haciéndole creer que éstos provienen de su propia mente; y de esa manera, la engaña.
- Siempre contradice la palabra de Dios.
- Trae condenación.
- Trae culpabilidad.
- Su voz emana desde el exterior de la persona.

La voz de Dios...

- Trae paz, quietud y tranquilidad.
- Trae gozo.
- Siempre está de acuerdo con la palabra de Dios.
- Trae convicción y no condenación.
- Edifica, consuela y exhorta.
- Permite un acercamiento entre Dios y la persona.
- La voz del Espíritu Santo emana desde el interior de la persona.

Ejemplos bíblicos de cómo Dios mismo habló en el Antiguo y en el Nuevo Testamento.

- Dios habló a Samuel.

---

10 Alterar, desfigurar los hechos, dando una interpretación errónea a palabras, acontecimientos, etc.

"¹⁰Vino Jehová, se paró y llamó como las otras veces: ¡Samuel, Samuel! Entonces Samuel dijo: Habla, que tu siervo escucha". 1 Samuel 3.10

* Dios habló para ordenar a Pablo y a Bernabé.

"¹Había entonces en la iglesia que estaba en Antioquía, profetas y maestros: Bernabé, Simón el que se llamaba Níger, Lucio de Cirene, Manaén el que se había criado junto con Herodes el tetrarca, y Saulo. ²Ministrando éstos al Señor y ayunando, dijo el Espíritu Santo: Apartadme a Bernabé y a Saulo para la obra a que los he llamado. ³Entonces, habiendo ayunado y orado, les impusieron las manos y los despidieron". Hechos 13.1-3

Testimonios personales

Una mujer en Argentina. Estaba predicando en Argentina y, mientras enseñaba la palabra de Dios, el Espíritu Santo me dijo que había una mujer que quería suicidarse. Al terminar la enseñanza, empecé a orar por las personas, impuse mis manos sobre ellas y cuando llegué a una mujer, me di cuenta que era la persona de la cual Dios me había hablado. Oré por ella, y Dios me dio una palabra para ella que decía que Él la amaba, entre otras cosas más. Dios la tocó, ella lloró, se quebrantó y después que el servicio terminó, se me acercó y me dijo: "Pastor, yo le pedí a Dios que me hablara hoy. Me encontraba en una condición desesperada, no sabía qué hacer y le dije a Dios que si no oía nada de Él, me iba a lanzar a las llantas de un automóvil para suicidarme". ¡Gloria a Dios que hubo palabra para esa mujer y no se suicidó! Dios hizo el milagro.

Compra de nuestro templo. Cuando empecé a pastorear la iglesia, Dios nos bendijo con un local pequeño que tenía cupo para 250 personas, y como llegaban más personas a ese lugar, tuvimos que empezar a hacer cuatro servicios los domingos. Desde ese entonces, comenzamos a orar por un templo y encontramos disponible, una sinagoga[11] judía. Sentí en mi corazón que ése era el lugar que debíamos comprar. El costo era de tres millones de dólares y no teníamos el dinero. Aún así, Dios puso en mi corazón reunir a los intercesores para orar por el templo nuevo.

Un viernes, llamé a los intercesores, declarando una vigilia para orar específicamente por el templo. Comenzamos a orar desde las nueve de la noche. Pasaron las horas y todavía seguíamos orando e intercediendo. De repente, a las dos de la mañana, el Espíritu Santo cayó sobre todos y empezamos a gritar, saltar y reír con gran gozo. Surgió un rompimiento en el espíritu. De inmediato, me subí al púlpito y escuché la voz del

---

11 Casa de reunión y de oración de las comunidades judías.

Espíritu Santo que me dijo: "la victoria es vuestra, yo les he entregado el templo".

Le dije a los intercesores lo que Dios me había dicho y todos empezaron a gozarse. Para concluir, quiero decirles que exactamente un año después, nos mudamos al nuevo templo. Dios proveyó el dinero necesario para poder entrar y comprar el lugar. ¡Dios lo dijo y así se cumplió!, ¡a Él sea la gloria!

Dios provee a una mujer en Argentina. Al terminar de predicar en una iglesia de Argentina, me dirigí hacia la salida, cuando Dios me dijo: "saca una buena ofrenda y entrégasela a una mujer que está a la salida de la iglesia".

Ya fuera de la iglesia, comencé a ver quiénes estaban allí. Vi a una mujer que estaba de pie orando, me le acerqué y le pregunté: ¿qué está orando? Ella me respondió: "soy una mujer sola, no tengo trabajo ni leche para mis hijos, no tengo con qué pagar el transporte para irme a casa, y le dije al Señor que si me amaba, me proveyera una ofrenda por medio del siervo que estaba predicando". Entonces, yo le dije: "hermana, Dios me habló antes de salir de la iglesia que le diera esta ofrenda", y ella comenzó a llorar. La mujer oró, Dios le habló y le concedió el dinero para la leche de sus hijos y para pagar su transporte. Lo más grande de todo esto, es que la mujer me dijo que ella oró al Señor para que le proveyera por medio del pastor de esa noche, y ese pastor era yo. ¡Gloria a Dios, el Señor es bueno!

4. Los profetas

El ministerio del profeta está activo hoy día, y es dado por el Señor Jesucristo para edificar a su pueblo. Dios tuvo profetas en el Antiguo y en el Nuevo Testamento, pero también los tiene hoy, porque Dios sigue hablando a través de ellos.

- Dios habló por medio de un profeta a Naamán.

"¹⁰Entonces Eliseo le envió un mensajero a decirle: Ve y lávate siete veces en el Jordán; tu carne se restaurará y serás limpio". 2 Reyes 5.10

- . Dios habló a Pablo.

"¹⁰Mientras nosotros permanecíamos allí algunos días, descendió de Judea un Profeta llamado Agabo, ¹¹quien, viniendo a vernos, tomó el cinto de Pablo, se ató los pies y las manos y dijo: Esto dice el Espíritu Santo: "Así atarán los judíos en Jerusalén al hombre de quien es este cinto, y lo entregarán en manos de los gentiles". Hechos 21.10, 11

¿Qué es un profeta?

Es una extensión del ministerio de Jesús y uno de los cinco ministerios del gobierno del Señor.

El profeta. Es uno que habla en el nombre de Dios, ya sea en presente, pasado o futuro. Es uno que habla impulsado por la inspiración del Espíritu Santo.

Testimonio personal de la compra del terreno.

Asistí a una reunión del consejo apostólico del ministerio de liberación con el Dr. Peter Wagner en Colorado. Esta reunión tuvo una asistencia de 25 personas aproximadamente. Estábamos reunidos casi todos los ministros que creemos y ministramos liberación en los Estados Unidos. Después de dos días, al terminar la reunión, nos despedimos de todos los asistentes. Mi esposa y yo nos acercamos a Cindy Jacobs, quien es una extraordinaria profeta de Dios. Ella comenzó a profetizarme diciéndome lo siguiente:

"Yo veo que el Señor te está entregando una parcela de tierra muy grande, la cual está ubicada en un área muy influyente de Kendall, Miami. Alrededor, hay casas de mucho valor, tiene un lago hecho por hombres, o sea, no es natural y es una tierra vacante que Dios te va a dar". Y esta misma profecía, también fue dada por la profeta Cathy Letchner en nuestra Iglesia.

Cuando terminó de dar la profecía, le comenté que estaba buscando una tierra para comprar y edificar una iglesia más grande. Cuando regresé a Miami, un vendedor de bienes raíces me llevó a ver un terreno con las mismas características que la profeta me había dicho. El terreno medía 37 acres. Para hacer el testimonio corto, el terreno había estado en venta por muchos años. Los dueños trataron de venderlo en seis ocasiones y nunca se llegó a efectuar la venta. Nosotros como iglesia, fuimos los séptimos (siete es el número de Dios). Compramos el terreno a un costo de 2.8 millones de dólares, exactamente lo que la profeta nos dijo. Es un lugar donde estamos construyendo la primera fase con capacidad para 5,000 personas. El Señor nos dio la victoria, y usó una profeta para hablarnos de cómo iba a ser nuestra nueva tierra. ¡Gloria a Dios! ¡Dios habla hoy por medio de sus profetas!

Podría compartir un sinnúmero de testimonios de lo que el Espíritu Santo me ha hablado en muchas ocasiones, pero quiero continuar adelante estudiando los otros métodos, por medio de los cuales Dios habla hoy.

5. La profecía

Otro de los métodos por medio de los cuales Dios nos habla, es la profecía. La profecía es un don del Espíritu Santo, y su propósito es edificar el cuerpo de Jesús. Así como Dios usa profetas para hablarnos, también usa la profecía.

¿Qué es la profecía?

Es la palabra hebrea *"naba"*, que significa fluir hacia adelante, burbujear como una fuente, declarar una cosa que solamente es conocida por revelación divina.

¿Cuál es la definición bíblica de profecía?

Es un don del Espíritu Santo dado al creyente para hablar una palabra inspirada por Dios. Tiene como propósito exhortar, consolar y edificar al cuerpo de Cristo.

¿Cuál es la diferencia entre el don de profecía y el oficio del profeta?

El oficio del profeta es uno de los cinco dones ministeriales que hacen parte del gobierno de la iglesia. El ministerio del profeta no es un don del Espíritu Santo, sino una extensión de Cristo como profeta. Jesús es la manifestación plena de los cinco oficios o dones ministeriales de un ministerio. Sin embargo, la profecía es un don del Espíritu Santo.

"¹¹Y él mismo constituyó a unos, apóstoles; a otros, profetas; a otros, evangelistas; a otros, pastores y maestros..." Efesios 4.11

Recordemos que la profecía es un don del Espíritu Santo dado al individuo. El profeta es un don ministerial, un oficio dado al cuerpo.

¿Cuál es el propósito de la profecía en el Nuevo Testamento?

"³Pero el que profetiza habla a los hombres para edificación, exhortación y consolación. ⁴El que habla en lengua extraña, a sí mismo se edifica; pero el que profetiza, edifica a la iglesia". 1 Corintios 14.3, 4

- **Edificación.** Literalmente, la palabra **edificación** significa levantar. Esto va más allá de hablar en lenguas, que simplemente nos edifica a nosotros mismos. La palabra profética levanta el espíritu, el ánimo y la actitud de una persona. Además, tiene el propósito de fortalecer al pueblo cuando está caído y desanimado.

- **Exhortación.** En el idioma griego, la palabra **exhortar** significa un llamado, un acercamiento; también, significa aliento y ánimo. Cuando a una persona se le da una palabra profética, recibe ánimo y aliento para seguir adelante y, al mismo tiempo, es un llamado a acercarse a Dios.

• **Consolación.** La palabra **consuelo** significa recibir alivio en medio de la prueba o la dificultad. La palabra profética sirve para consolar cuando una persona está atravesando por problemas y dificultades. Dios habla hoy, y uno de los métodos que Él usa es la profecía.

El don de profecía sigue vigente hoy. Para activarlo, solamente tenemos que creer y actuar en él.

6. La palabra de Dios o las Escrituras

"²⁰Guarda, hijo mío, el mandamiento de tu padre y no abandones la enseñanza de tu madre. ²¹Átalos siempre a tu corazón, enlázalos a tu cuello. ²²Te guiarán cuando camines, te guardarán cuando duermas y hablarán contigo cuando despiertes". Proverbios 6.20-22

Dios habla a las personas de muchas maneras por medio de las Escrituras. A veces, un verso bíblico que viene al corazón de una persona, es exactamente la respuesta que necesitaba. Otras veces, habrá alguien que se le acerque y le dé una palabra de la Escritura, que es la respuesta exacta de Dios a su necesidad.

Algunas veces, cuando usted llega a la iglesia y está pasando por una prueba difícil, de repente, el pastor empieza a predicar y a utilizar versos de la Escritura que hablan de su problema; ése es el Señor hablándole.

Dios sigue hablando, y uno de los métodos que usa es la Biblia. En los momentos de oración, Él dará versículos bíblicos que hablarán directamente a la vida de esa persona. Es necesario estar siempre lleno de la Palabra, confesarla, creerla y actuar en ella para que el Señor hable al corazón a través de la misma.

7. Los sueños

Dios ha usado los sueños en el pasado y aún los usa en el presente para hablar a su pueblo. Dios ha comunicado cosas importantes para su reino; por ejemplo, a mi esposa, Dios le habla por medio de los sueños, casi todo el tiempo. Cuando mi esposa dice que tuvo un sueño, es porque Dios le ha hablado.

¿Qué son los sueños?

El diccionario Webster define **sueño** como una sucesión de imágenes o ideas presentes en la mente mientras dormimos.

Los sueños son formados en el subconsciente[12] del hombre, dependiendo del trasfondo, experiencias o circunstancias de la vida. Así vienen las imágenes y los símbolos, los cuales son únicos para cada individuo. Los sueños se organizan estrictamente en la mente natural o pueden ser dados como imágenes de Dios, del Espíritu Santo, y ser recibidos dentro de la mente del hombre. No siempre son fáciles de entender, pero los sueños son un método por medio del cual Dios habla. Por ejemplo, cuando Dios le habló a José en sueños.

"⁵Tuvo José un sueño y lo contó a sus hermanos, y ellos llegaron a aborrecerlo más todavía". Génesis 37.5

8. Visiones

El diccionario Webster define **visión** como el acto o el poder de ver objetos abstractos o invisibles. Hay otras palabras griegas y hebreas para describir lo que es una visión, y una de esas palabras es revelación. Cuando Dios nos deja ver el mundo espiritual, recibimos una revelación de Dios. Es como si estuviéramos viendo las imágenes en una pantalla de televisión a color.

Los sueños y las visiones son la evidencia de que el Espíritu Santo está en operación, y además, son

---

[12] Dícese del estado síquico del que el sujeto no tiene conciencia pero que influye en su comportamiento.

una señal del derramamiento del Espíritu Santo en los últimos tiempos.

"¹⁶Pero esto es lo dicho por el profeta Joel: ¹⁷En los postreros días—dice Dios—, derramaré de mi Espíritu sobre toda carne, y vuestros hijos y vuestras hijas profetizarán; vuestros jóvenes verán visiones y vuestros ancianos soñarán sueños..." Hechos 2.16, 17

Hay tres tipos de visiones:

- **Visión espiritual.** Es cuando una persona ve en el mundo espiritual, como lo fue en el caso de Pablo en su camino hacia Damasco. Pablo dice que cuando la visión ocurrió, sus ojos fueron cegados y no podía ver físicamente, pero sí podía ver en el espíritu. Dios habló a Ananías por medio de una visión para que fuese a orar por Pablo.

"¹⁰Había entonces en Damasco un discípulo llamado Ananías, a quien el Señor dijo en visión: Ananías. Él respondió: Heme aquí, Señor". Hechos 9.10

- **Éxtasis.** Éste es el tipo de visión donde los sentidos físicos quedan en suspenso durante un momento. Ésta es la segunda clase de visión más alta que una persona puede experimentar. No está consciente del lugar donde está ni de todo lo que tiene contacto con el mundo físico. No es que quede inconsciente, sino que queda más consciente de las cosas espirituales que de las físicas.

Por ejemplo, Pablo fue a Jerusalén por primera vez y él dijo: "Y me aconteció que vuelto a Jerusalén en el templo me sobrevino un éxtasis".

"17Volví a Jerusalén, y mientras estaba orando en el templo me sobrevino un éxtasis. 18Vi al Señor, que me decía: "Date prisa y sal prontamente de Jerusalén, porque no recibirán tu testimonio acerca de mí". Hechos 22.17, 18

- **Visión consciente.** Éste es el tipo de visión donde los sentidos no están en suspenso y la persona tiene los ojos físicos abiertos. Éste es el nivel más alto de visión. La persona está consciente de todo, pero al mismo tiempo, puede ver el mundo espiritual. Los profetas del Antiguo Testamento eran llamados videntes y tenían este tipo de visiones frecuentemente.

"9Antiguamente en Israel cualquiera que iba a consultar a Dios, decía: «Venid y vamos al vidente»; porque al que hoy se llama profeta, entonces se le llamaba vidente". 1 Samuel 9.9

¿Cuáles son las fuentes de inspiración de los sueños y las visiones?

Debemos tener en cuenta que los sueños y las visiones tienen tres fuentes:

- Los sueños y visiones inspirados por el Espíritu Santo.

- Los sueños y visiones producidos por nuestra alma.

- Los sueños y visiones producidos por el enemigo.

Los sueños y visiones espirituales, que son inspirados por el Espíritu Santo y comunicados por la mente natural, entregan un mensaje, ya sea una revelación o cualquier otra cosa. Creo que cada persona debe orar para poder interpretar un sueño o una visión que piense que vino de Dios.

Por ejemplo, cuando Dios habló a Pedro por medio de una visión.

"⁹Al día siguiente, mientras ellos iban por el camino y se acercaban a la ciudad, Pedro subió a la azotea para orar, cerca de la hora sexta. ¹⁰Sintió mucha hambre y quiso comer; pero mientras le preparaban algo le sobrevino un éxtasis: ¹¹Vio el cielo abierto, y que descendía algo semejante a un gran lienzo, que atado de las cuatro puntas era

bajado a la tierra, ¹²en el cual había de todos los cuadrúpedos terrestres, reptiles y aves del cielo. ¹³Y le vino una voz: Levántate, Pedro, mata y come. ¹⁴Entonces Pedro dijo: Señor, no; porque ninguna cosa común o impura he comido jamás. ¹⁵Volvió la voz a él la segunda vez: Lo que Dios limpió, no lo llames tú común. ¹⁶Esto ocurrió tres veces; y aquel lienzo volvió a ser recogido en el cielo". Hechos 10.9-16

Una vez más, podemos observar que Dios habla por medio de sueños y visiones. Dios está vivo y sigue hablando a su pueblo. Es importante aprender a reconocer cuál es el método más usado por Él para hablarnos.

9. Los ángeles

En el Antiguo Testamento, era muy común que Dios hablara a su pueblo por medio de ángeles. La palabra de Dios enseña que ellos son espíritus ministradores que están para el servicio de los santos. Éste es otro método que Dios usa para hablarnos.

"¹⁴¿No son todos espíritus ministradores, enviados para servicio a favor de los que serán herederos de la salvación?" Hebreos 1.14

Enviar mensajes por medio de sus ángeles no es un método muy común de Dios, pero en casos especiales, hemos visto y oído que Dios ha enviado ángeles a personas para hablarles. Por ejemplo, cuando Dios le habló a María acerca del nacimiento de Jesús, fue por medio de un ángel.

"28Entrando el ángel a donde ella estaba, dijo: —¡Salve, muy favorecida! El Señor es contigo; bendita tú entre las mujeres". Lucas 1.28

10. La paz interior

A menudo, Dios me habla personalmente por medio del testimonio de la paz interior. Cuando he tomado una decisión y no siento paz en mi corazón, es una señal de Dios, dejándome saber que la decisión que tomé no es la correcta. Cuando hay una inquietud, una preocupación o falta de reposo dentro de mi espíritu, es una alarma que se activa dentro de mí como evidencia de que algo no está bien; y si no se siente paz interior, es preferible no hacer lo que pensaba hacer.

¿Qué es paz?

Viene de la raíz griega *"shalam"*, y ésta a su vez, viene de la raíz *"shalom"*, que significa estar seguro, completo, tranquilo, en reposo y en fortaleza. Esta definición nos da a entender, que cuando tenemos quietud, reposo y nos sentimos seguros en nuestro espíritu acerca de algo, significa que Dios nos está hablando. Debemos seguir buscando la paz interior.

"14 Seguid la paz con todos y la santidad, sin la cual nadie verá al Señor". Hebreos 12.14

"11 Apártese del mal y haga el bien; busque la paz y sígala". 1 Pedro 3.11

Lo que Dios nos está diciendo, es que busquemos la paz con todo nuestro corazón, peleando por ella, luchando ardientemente para tener paz con Dios, con nosotros mismos y con nuestro prójimo. Para buscar la paz no basta con desearla, sino que debe ser una búsqueda con gran intensidad. Ella nos va a guiar a tomar decisiones correctas, que glorifiquen a Dios y nos ayudan a tener grandes victorias en nuestra vida.

Hay dos cosas que la paz de Dios hace en nuestra vida:

- **Guarda** nuestros corazones y nuestra mente.

  "7 Y la paz de Dios, que sobrepasa todo entendimiento, guardará vuestros corazones y vuestros pensamientos en Cristo Jesús". Filipenses 4.7

- **Gobierna** nuestros corazones.

  "15 Y la paz de Dios gobierne en vuestros corazones, a la que asimismo fuisteis llamados en un sólo cuerpo. Y sed agradecidos". Colosenses 3.15

Cuando la paz de Dios gobierna la mente y el corazón, se pueden tomar decisiones correctas para la gloria de Dios.

Al conocer todos los métodos que Dios usa para hablar, se puede observar que Él, es un Dios personal, y que a cada individuo le habla con maneras y métodos diferentes.

Podemos concluir que Dios habla hoy, y que utiliza medios, tales como: el sentir, el oír y el ver para comunicarse con su pueblo. Además, Dios usa diferentes métodos para hablarnos, porque Él es soberano y escoge el método o los métodos que usará para comunicarnos sus planes y sus propósitos de acuerdo a su voluntad. Pregúntese usted mismo: ¿cuál es el método que Dios usa para hablarme? ¿Será el testimonio interior, la conciencia, la voz del Espíritu Santo, la profecía o los profetas? ¿Serán los sueños y visiones, los ángeles o la palabra escrita de Dios? Familiarícese con el método en que Dios le habla, y aprenda a oír la voz de Dios.

¿Cómo puede afinar su oído para oír la voz de Dios?

Camine o ande en el espíritu. Sus "antenas" espirituales deben estar listas para oír lo que Él tiene que decirle. Sus oídos deben estar afinados todo el tiempo. Esto se logra orando abundantemente en el espíritu.

Debemos movernos en fe. Algunas veces, no vamos a entender lo que Dios nos está comunicando. No espere sentir o ver algo físico para obedecer. Crea en fe y muévase como Dios lo esté guiando.

"⁶Pero sin fe es imposible agradar a Dios, porque es necesario que el que se acerca a Dios crea que Él existe y que recompensa a los que lo buscan". Hebreos 11.6

Dios quiere y desea comunicarnos sus planes, sus propósitos y su voluntad; pero para ello, debemos estar listos a obedecer, a andar en el Espíritu y a movernos por fe. No razone lo que Dios le pide que haga, simplemente hágalo por fe.

CAPÍTULO III

¿Cómo andar en lo sobrenatural?

¿Cómo andar en lo sobrenatural?

En este capítulo, aprenderemos cómo movernos en lo sobrenatural. Además, aprenderemos algunas razones por las cuales hay muchos creyentes que no se mueven en lo sobrenatural. Cuando hablamos de lo sobrenatural, nos estamos refiriendo a todo lo que es profético.

¿Qué es lo profético?

Es expresar la mente y el corazón de Dios en una dimensión sobrenatural. Lo profético no es simplemente pararse en la iglesia y decir: "así dice el Señor", y traer una palabra profética a una persona. Eso es una parte, pero no lo es todo. Moverse en lo profético tiene que ver con expresar y demostrar lo que hay en la mente y en el corazón de Dios. Además, abarca el exponer a los sentidos todo lo sobrenatural de Dios y traerlo a una dimensión física y tangible. El apóstol Pablo fue a los corintios en el mover profético, demostrando todo lo sobrenatural de la mente y del corazón de Dios.

"4...y ni mi palabra ni mi predicación fueron con palabras persuasivas de humana sabiduría, sino con demostración del

Espíritu y de poder, [5]para que vuestra fe no esté fundada en la sabiduría de los hombres, sino en el poder de Dios". 1 Corintios 2.4, 5

En estos versículos, el apóstol vuelve a explicar la razón por la cual la palabra y la predicación no fueron palabras persuasivas de humana sabiduría, sino con demostración del Espíritu Santo y de poder.

"[5]...para que vuestra fe no esté fundada en la sabiduría de los hombres, sino en el poder de Dios". 1 Corintios 2.5

¿Qué es lo que incluye lo profético o lo sobrenatural?

- Profetizar
- Sanidades
- Echar fuera demonios
- Oír la voz de Dios
- Oír, sentir y ver todo lo de Dios

- Moverse en los dones del Espíritu Santo
- Predicar el evangelio
- Prodigios
- Señales
- Maravillas

Desafortunadamente, muy pocos ministros y creyentes se mueven en lo sobrenatural. Por esta razón, vemos una iglesia fundada en la sabiduría humana. Se habla a las personas de sanidades, pero nadie se sana; se habla de profecía y mandan a callar a esos hombres y mujeres de Dios que se levantan a profetizar en la iglesia. No han querido adoptar el mover de lo sobrenatural en sus iglesias, y esto impide que se revele lo profético, lo sobrenatural de

Dios. Necesitamos las manifestaciones del poder del Espíritu Santo para persuadir las mentes y las emociones del pueblo, para que éstas sean fundadas en el poder de Dios. Hemos cambiado lo sobrenatural por el razonamiento, por el intelecto y por el programa del hombre.

¿Por qué los creyentes no se mueven en lo sobrenatural?

Estudiemos algunos obstáculos que le impiden a los creyentes moverse en lo sobrenatural.

1. La falta de conocimiento

"¹No quiero, hermanos, que ignoréis acerca de los dones espirituales". 1 Corintios 12.1

La palabra **ignorancia** significa falta de un conocimiento funcional. Esto no implica ausencia total de conocimiento, sino más bien, que el que se posee, no se puede aplicar a la vida diaria. Muchos desean y anhelan entrar en una dimensión sobrenatural, pero, no tienen ningún conocimiento bíblico de cómo hacerlo. La falta de conocimiento destruye al pueblo de Dios.

2. La incredulidad

"¹⁸¿Y a quiénes juró que no entrarían en su reposo, sino a aquellos que desobedecieron? ¹⁹Y vemos que no pudieron entrar a causa de incredulidad". Hebreos 3.18, 19

La palabra de Dios enseña que estas señales seguirán a los que creen. ¿Cuáles señales? Sanar a los enfermos, echar fuera demonios, profetizar, hablar nuevas lenguas y hacer milagros. Ahora, es importante enfatizar cuando dice: "estas señales siguen a los que creen"; es decir, a los que son incrédulos, estas señales no les seguirán. Si usted piensa que las sanidades no son para hoy ni las cree, entonces, nada va a ocurrir.

En el mundo, hay mucha hambre por conocer lo sobrenatural. Por esta razón, hay personas que van detrás de los brujos, hechiceros, santeros y adivinos, buscando que se les diga algo sobre su vida personal. ¿Por qué razón las personas inconversas buscan conocer lo sobrenatural en el ocultismo y no en la iglesia? ...porque la iglesia no cree, y por consiguiente, no puede demostrar lo sobrenatural de Dios.

¿Qué debemos hacer?

Creer que Dios desea y quiere expresar lo sobrenatural por medio de su iglesia; a través de: las profecías, las sanidades, los milagros, y que sí es posible echar fuera los demonios. Dios quiere demostrarlo, pero sólo puede hacerlo por medio de usted y de mí.

3. Temor a cometer errores

"⁶Por lo cual te aconsejo que avives el fuego del don de Dios que está en ti por la imposición de mis manos. ⁷Porque no nos ha dado Dios espíritu de cobardía, sino de poder, de amor y de dominio propio". 2 Timoteo 1.6, 7

Para moverse en lo sobrenatural, siempre se demanda un cierto nivel de fe. Hay muchas personas que tienen miedo de cometer un error o de equivocarse. Viven preocupadas por su imagen y por lo que las personas piensen de ellas. Por esta razón, no se atreven a moverse en lo sobrenatural. Una de las ataduras que el enemigo ha traído al creyente, es hacerle creer que tiene que hacer todo bien y que no puede cometer errores. Eso mismo es lo que nos impide profetizar, orar por los enfermos y echar fuera demonios. Creemos que hay que hacerlo todo perfecto. Pues quiero decirle que la única manera de moverse en lo sobrenatural, es cometiendo errores. En algún momento, nos vamos a equivocar, y tenemos que aprender a movernos por fe. Cada vez que Dios le diga algo y sienta temor de hacerlo, reprenda todo espíritu de temor y empiece a moverse por fe.

4. El creerse indigno

Cada uno de nosotros cree que Dios puede usar a otros, menos a nosotros mismos. Nos creemos indignos, que no valemos nada, que somos pecadores y que el Señor no nos puede usar. Recuerde que la razón por la cual Dios nos usa, no es por nuestra habilidad ni por los títulos o por los diplomas que tengamos; no es por el trasfondo familiar, por la inteligencia o por nuestro carisma, sino porque a Él le place. Ninguna de estas cosas son válidas delante de Dios, sino que es por su gracia y su favor sobre nosotros que Él nos ha hecho dignos.

Dios quiere usarlo a usted. ¡Atrévase a creerlo! En estos últimos tiempos, Él está levantando un ejército de hombres y mujeres que anden en el poder del Espíritu Santo y que se muevan en lo sobrenatural. Este ejército tiene que creer, y no debe tener miedo a equivocarse. Debe sentirse digno porque Cristo nos ha hecho dignos, y debe atreverse a caminar en lo sobrenatural.

5. La influencia del Espíritu de Grecia.

Empecemos por decir que este espíritu es el enemigo número uno de lo sobrenatural, y que su influencia en la iglesia de Cristo ha paralizado lo profético y todo aquello que es sobrenatural. Estudiemos un poco más acerca de este espíritu.

"[20]El me dijo: ¿Sabes por qué he venido a ti? Pues ahora tengo que volver para pelear contra el príncipe de Persia; y al terminar con él, el príncipe de Grecia vendrá. [21]Pero yo

te declararé lo que está escrito en el libro de la verdad; y ninguno me ayuda contra ellos, sino Miguel". Daniel 10.20, 21

El espíritu de Grecia

Con la muerte de los apóstoles, en el año 100, el espíritu de Grecia comenzó a infiltrarse. El mundo griego, en el cual los primeros apóstoles ministraron, estuvo lleno de tales filosofías. Los griegos fueron amantes de la sabiduría, y por eso, buscaron el conocimiento, al punto de desarrollar una mente idólatra; en otras palabras, ellos adoraban el conocimiento. La palabra filosofía salió de Grecia y significa el amor al conocimiento.

Los griegos fueron los guardianes de Aristóteles, Platón y de innumerables filósofos. Ellos tenían fuertes altercados o disputas, en los cuales trataban de defender sus puntos de vista, pues amaban el debate y el razonamiento. Fue en esta clase de mundo, donde nació la iglesia; pero, por medio de la gracia y la unción apostólica, se le dio a ésta la capacidad de vencer esta mentalidad. El espíritu de Grecia funciona como una estructura rígida, impregnada de razonamientos y filosofías humanas, que tienen como objetivo que el individuo llegue a ser un ¡súper hombre! o un ¡súper dios!

Este espíritu se manifiesta en forma de pensamiento que limita al creyente para que éste no entre en el

Reino de Dios ni a sus dimensiones sobrenaturales. Para el tiempo de los apóstoles, el mundo estaba controlado políticamente por los romanos, pero influenciado culturalmente por los griegos, los cuales fueron una de las mayores fortalezas de oposición para el cristiano. Los espíritus de intelectualismo y racionalismo impidieron a muchos creer que Cristo había resucitado de la muerte. Las universidades de la época estaban llenas de este espíritu. Sin embargo, los espíritus de intelectualismo, racionalismo, orgullo, debate y mente idólatra son, también, espíritus gobernantes aún hoy día en muchos sistemas actuales de educación. Los primeros apóstoles tuvieron que confrontar a estos espíritus; y nosotros no seremos la excepción; igualmente los cristianos de hoy, debemos confrontar la misma oposición.

Las diosas Atenea, Sophía y Diana forman la estructura principal que sostiene estas líneas pensamiento.

Atenea: Es la diosa griega que odia todo lo apostólico, profético y sobrenatural. Simboliza la razón y la sabiduría para los griegos.

Sophía: Es la diosa de la sabiduría y del amor al conocimiento sobre todas las cosas.

Diana: Es la diosa religiosa, también conocida como la reina del cielo.

Leamos lo que dice la Palabra:

"5...derribando argumentos y toda altivez que se levanta contra el conocimiento de Dios, y llevando cautivo todo pensamiento a la obediencia a Cristo..." 2 Corintios 10.5

Una de las traducciones dice: "Nosotros derribamos sofismas[13] y toda cabeza orgullosa que se levante contra el conocimiento de Dios". Los sofistas fueron filósofos griegos que se especializaban en la retórica y en la argumentación dialéctica. Ellos eran maestros, filósofos y profesionales que elaboraban argumentos complicados. Los griegos buscaban sabiduría mientras que los judíos buscaban señales. El sofisma es un engaño del mismo diablo.

"22Porque los judíos piden señales, y los griegos buscan sabiduría..." 1 Corintios 1.22

Los griegos inundaron todo el mundo occidental con esta filosofía, incluyendo los Estados Unidos de América y Europa. La finalidad de este espíritu ha sido gobernar todo el mundo.

¿Cuáles son algunas características de la cultura griega o del espíritu de Grecia?

- **El humanismo.** Esta filosofía comenzó con Heráclito al destronar a Dios del centro de

---

[13] Razonamiento que sólo es lógicamente correcto en apariencia, y que es concebido con la intención de inducir a error.

atención para poner, en su lugar, al hombre como si fuera un dios. Un ejemplo de esto es el movimiento de la nueva era, el cual enseña que el hombre es Dios y que no necesita de un ser supremo para su existencia.

- **El intelectualismo.** Según esta línea de pensamiento, lo más importante es alcanzar títulos, reconocimiento humano y riquezas, por encima de Dios y de cualquier otra cosa. La razón, según el pensamiento griego, es la que rige el universo. La meta es desarrollar al hombre intelectualmente y, de esa manera, llevarlo a ser un dios por sí mismo. El intelectualismo sigue siendo el pensamiento de las culturas occidentales, Rusia, Europa y otros países.

¿En qué consiste el intelectualismo?

Resiste lo sobrenatural. Una de las razones por las cuales muchos ministros y creyentes no se mueven en lo sobrenatural, es por la influencia del espíritu de Grecia. Éste es el punto más importante que quiero explicarle con las siguientes características:

➢ **Niega todo aquello que no se puede explicar,** desestimando y aboliendo[14] claramente el concepto de vivir por fe; pues éste

---

[14] Abolir: derogar, dejar sin vigor un precepto o costumbre, suprimir.

no puede ser explicado por el método científico. Esta negación es una de las razones por las cuales la iglesia ha perdido su poder, porque cree más en lo que se puede ver a simple vista que en lo que no se puede ver, y la palabra de Dios nos manda a vivir por fe y no por vista.

"⁴He aquí que aquel cuya alma no es recta, se enorgullece; mas el justo por su fe vivirá".
Habacuc 2.4

"⁷(porque por fe andamos, no por vista)".
2 Corintios 5.7

➢ **Niega la existencia de los demonios, impidiendo así la liberación en los creyentes.** Lamentablemente, encontramos a muchos creyentes en las iglesias que están atados por el enemigo, porque el pastor no cree en la liberación ni en los demonios. Una de las grandes mentiras del diablo, con la cual engaña a la humanidad, es aquella que dice que los demonios no existen, y la iglesia se lo ha creído. Veamos cómo Jesús trató con los demonios.

"²²Y he aquí una mujer cananea que había salido de aquella región clamaba, diciéndole: ¡Señor, Hijo de David, ten misericordia de mí! Mi hija es gravemente atormentada por un demonio. ²³Pero Jesús no le

respondió palabra. Entonces acercándose sus discípulos, le rogaron, diciendo: Despídela, pues da voces tras nosotros. [24]El respondiendo, dijo: No soy enviado sino a las ovejas perdidas de la casa de Israel. [25]Entonces ella vino y se postró ante él, diciendo: ¡Señor, socórreme! [26]Respondiendo él, dijo: No está bien tomar el pan de los hijos, y echarlo a los perrillos. [27]Y ella dijo: Sí, Señor; pero aun los perrillos comen de las migajas que caen de la mesa de sus amos. [28]Entonces respondiendo Jesús, dijo: Oh mujer, grande es tu fe; hágase contigo como quieres. Y su hija fue sanada desde aquella hora". Mateo 15.22-28

➢ **Niega la sanidad divina.** El pueblo de la Biblia (Judío) fue adiestrado para ver a Dios hacer cosas extraordinarias y sobrenaturales. Nuestro Dios, Jehová de los Ejércitos, es un Dios sobrenatural y poderoso que hace milagros, sanidades, prodigios, echa fuera demonios y profetiza. Su esencia es sobrenatural. Nosotros como su pueblo, tenemos que movernos en esa dimensión, pero la influencia del espíritu de Grecia ha sido tan grande, que ha creado fortalezas en las mentes de las personas, impidiendo que en las iglesias, éstas sean salvas, sanas y libres, más bien prefieren razonarlo todo y si no lo entienden, no lo creen. Renunciemos al espíritu de Grecia si de verdad queremos ver manifestarse lo sobrenatural de Dios.

➤ **Descarta los dones del Espíritu Santo.** Muy rara vez, vemos a los creyentes fluir en los dones del Espíritu Santo; hablan de ellos, pero ellos mismos no lo creen, y por consiguiente, no los pueden ver manifestados en su vida.

➤ **Humaniza la Palabra de Dios.** El espíritu de Grecia dice que la palabra de Dios es como la palabra de un hombre cualquiera. La mentalidad hebrea es que Dios es un Dios sobrenatural, que Dios es Dios y no un hombre para ser explicado. Ésa fue la mentalidad que Jesús trajo; Él vino y demostró lo sobrenatural.

¿Cómo ser libre del espíritu de Grecia?

• **Renunciando a toda fortaleza de ese espíritu en nuestra mente.** Hay un sinnúmero de creyentes, líderes y ministros atados con este espíritu. Sus vidas están secas y no pueden andar en lo sobrenatural; por eso es, que deben tomar una decisión de renovación, y renunciar a toda fortaleza.

• **Haciendo guerra en contra de este espíritu con el poder de Dios.** Una de las maneras de hacer guerra contra este espíritu, es demostrando lo sobrenatural; y la unción apostólica juega un papel muy importante, ya que una de las manifestaciones de la misma, es la demostración de lo sobrenatural. Por ejemplo: milagros, sanidades, prodigios, profecía y otros.

"12Volveos a la fortaleza, oh prisioneros de esperanza; hoy también os anuncio que os restauraré el doble. 13Porque he entesado para mí a Judá como arco, e hice a Efraín su flecha, y despertaré a tus hijos, oh Sión, contra tus hijos, oh Grecia, y te pondré como espada de valiente". Zacarías 9.12, 13

La demostración de echar fuera demonios y fluir en los dones del Espíritu Santo son el antídoto[15] para el espíritu de Grecia, que niega lo sobrenatural. Sabemos que tenemos un Dios maravilloso y poderoso que sigue haciendo maravillas.

¿Cómo activar a un creyente en lo profético o en lo sobrenatural?

¿Qué es una activación?

Como mencionamos anteriormente, es retar a los creyentes con una verdad para que reciban la gracia divina y para que hagan lo que dice la Palabra.

Es el mismo principio que se usa para recibir los dones: un creyente puede activar a otro creyente. Por ejemplo, un evangelista guía al pecador en una oración de arrepentimiento, lo lleva a confesar sus

---

[15] Medio con que se evita o previene un mal.

pecados, y en ese momento, se activa el don de la vida eterna. El don de la vida eterna es un don de Dios y es activado en una persona por otra persona que le ayuda.

"⁸...porque por gracia sois salvos por medio de la fe; y esto no de vosotros, pues es don de Dios..." Efesios 2.8

Si usted cree que al dirigir a una persona en la oración de salvación, activará a la persona en lo sobrenatural o en cualquier otro don, usted puede esperar cualquier cosa.

¿En realidad esto funciona?

Cuando recibimos al Señor, alguien nos guía en la oración de salvación. Por fe, sabemos que esa confesión activó el don de la vida eterna. De igual forma, se activa lo sobrenatural, como los dones, los milagros, las profecías, entre otros. Cuando viene la revelación, que es por medio de la fe, se recibe el don y la persona es activada. ¿Qué se puede hacer si alguien viene y le manifiesta que quiere recibir el don de lenguas?

Lo primero que usted debe hacer es imponer sus manos sobre la persona y ayudarle a recibir el don. La revelación viene a la persona y su entendimiento es iluminado. Esa persona cree, se apropia del don de lenguas por medio de la fe, y lo recibe. Cada uno de nosotros puede activar a las personas sobrena-turalmente con los dones del Espíritu Santo, con los milagros, las profecías, las sanidades, los prodigios y otros.

¿Cuáles son los cuatro ingredientes para activar a un creyente en lo sobrenatural o en lo profético?

1. **Oír la palabra de Dios.** La fe para activar a un creyente en lo sobrenatural no puede venir si primero no oye la Palabra. Cualquier área de lo sobrenatural en la cual usted desee caminar, no puede ser efectiva si primero no oye la Palabra en esa área específica.

"17Así que la fe es por el oír, y el oír, por la palabra de Dios". Romanos 10.17

2. **Confesar con su boca.**

"8Mas ¿qué dice? Cerca de ti está la palabra, en tu boca y en tu corazón. Ésta es la palabra de fe que predicamos: 9que si confesares con tu boca que Jesús es el Señor, y creyeres en tu corazón que Dios le levantó de los muertos, serás salvo. 10Porque con el corazón se cree para justicia, pero con la boca se confiesa para salvación".
Romanos 10.8-10

La confesión es el puente entre el mundo espiritual y el mundo físico. Mediante la confesión, se activa el mundo espiritual. Por eso, es importante confesar a Jesús públicamente, ya que esto desata el poder de Dios para llevar a cabo lo que dice su Palabra. Si queremos movernos en lo sobrenatural, debemos comenzar a confesar lo que Dios dice acerca de la profecía, los milagros y las sanidades.

3. **Creer con el corazón.** El creer implica actuar por fe en lo que hemos oído, creído y confesado. Por eso, para que una persona sea salva, debe aplicar estos ingredientes. Creer con el corazón significa hacer un compromiso con algo, abrazarlo y hacerlo parte de nosotros.

4. **Hacer una acción correspondiente.** Veamos cómo la mujer de flujo de sangre hizo una acción correspondiente para recibir su sanidad.

"27...cuando oyó hablar de Jesús, vino por detrás entre la multitud, y tocó su manto....". Marcos 5.27

Esta mujer vino desde atrás y tocó el manto de Jesús con la convicción de que si lo hacía, recibiría lo que deseaba. Ella creyó, actuó y recibió.

Los principios anteriormente mencionados son los que activan a una persona para recibir el don de la vida eterna. Éstos son los mismos principios que se usan para activar a un creyente en cualquier don del Espíritu Santo o en lo sobrenatural.

El andar en lo sobrenatural puede ser recibido y activado por medio de hombres y mujeres mortales, y esto se da al oír la Palabra, al con-

fesarla con nuestra boca, al creerla en el corazón y al hacer una acción correspondiente.

CAPÍTULO IV

Dones del Espíritu Santo

*U*na de las preguntas más comunes acerca de los dones del Espíritu Santo es: ¿Todos los creyentes tienen un don? La respuesta es "sí", a cada creyente se le ha dado un don, con el propósito de bendecir el cuerpo de Cristo.

A continuación, estudiaremos el propósito por el cual los dones del Espíritu Santo fueron dados a cada creyente.

¿Cuál es el propósito de los dones del Espíritu Santo?

1. **Edificación y crecimiento de la iglesia.** Dios ha dado los dones para que nosotros como creyentes crezcamos y seamos edificados.

   "7 Pero a cada uno le es dada la manifestación del Espíritu para el bien de todos". 1 Corintios 12.7

2. **Glorificar a Jesús**

   "11 Si alguno habla, hable conforme a las palabras de Dios; si alguno ministra, ministre conforme al poder que Dios da, para que en todo sea Dios glorificado por

Jesucristo, a quien pertenecen la gloria y el imperio por los siglos de los siglos. Amén". 1 Pedro 4.11

Los dones del Espíritu Santo fueron dados al creyente para que Jesús sea glorificado en todo, y no para exaltar o glorificar al hombre o a algún ministerio.

3. Evangelizar efectivamente

"15Y les dijo: Id por todo el mundo y predicad el evangelio a toda criatura. 16El que crea y sea bautizado, será salvo; pero el que no crea, será condenado. 17Estas señales seguirán a los que creen: En mi nombre echarán fuera demonios, hablarán nuevas lenguas, 18tomarán serpientes en las manos y, aunque beban cosa mortífera, no les hará daño; sobre los enfermos pondrán sus manos, y sanarán".
Marcos 16.15-18

La palabra de Dios nos enseña que el evangelio no consiste en palabras solamente, sino en el poder de Dios. Vivimos en un mundo donde las personas quieren ver señales, y tenemos que darles una demostración visible del poder de Dios. Creo que Él ha dado los dones para equipar mejor a la iglesia y, de esta manera, poder alcanzar al perdido efectivamente.

4. Liberar al pueblo

Los dones del Espíritu Santo son dados a cada creyente para liberar al pueblo de Dios de ataduras, cadenas, opresiones y maldiciones generacionales. Una palabra de ciencia, dada por el Espíritu Santo, puede ser suficiente para descubrir una atadura del enemigo en una persona. Una vez que esa atadura es expuesta a la luz, la persona es libre por el poder de Dios.

¿Podemos movernos en los dones del Espíritu cada vez que queramos?

"11Pero todas estas cosas las hace uno y el mismo Espíritu, repartiendo a cada uno en particular como Él quiere".
1 Corintios 12.11

Este versículo fue usado por los antiguos creyentes pentecostales para decir que ellos no se mueven en los dones a menos que el Espíritu Santo **"quiera"**. Ellos piensan que si no sienten, si no ven o si no oyen nada, no pueden moverse en los dones. Por ejemplo, usted no puede profetizar, a menos que el Espíritu quiera, y en realidad, este versículo no quiere decir eso.

Analicemos cuidadosamente la frase clave que está en el verso anterior, la cual es: ***"repartiendo como él quiere"***. Una cosa es movernos cuando queramos en los dones que el Espíritu Santo nos ha dado y otra cosa es movernos en los dones que deseamos. Esta parte del versículo 11 nos da a entender que nosotros no escogemos el don que deseamos, sino que Dios da el que Él quiere. El Espíritu Santo reparte y distribuye los dones, según su propia soberanía y voluntad.

"18Pero ahora Dios ha colocado cada uno de los miembros en el cuerpo como Él quiso". 1 Corintios 12.18

En estos versos, vemos que Él, soberanamente, puso los miembros e hizo la repartición como Él quiso. Usted no dice: yo quiero ser apóstol, yo quiero el don de milagros o yo quiero el don de sanidades. El Espíritu Santo es quien reparte los dones como Él quiere. Sin embargo, para que estos dones puedan operar, es necesario que el creyente ceda su voluntad a Dios y tenga fe.

Usted no tiene que esperar sentir, ver u oír algo para moverse en los dones. Usted puede profetizar por fe. Una vez que haya recibido un don, si en verdad lo tiene, entonces debe operarlo. Para operarlo, dependerá de tres cosas:

- **La fe.** Si creemos que tenemos el don, debemos operar en él, en cualquier momento.

- **Fluir con el don.** Debemos permitir que el don se manifieste por medio de nosotros.

- **Creer.** Actuar en lo que estamos creyendo.

  El operar en los dones no se da cuando el Espíritu quiere, sino cuando actuamos en fe y cedemos al fluir del Espíritu Santo. Cuando creemos en nuestro corazón, entonces, el don se manifiesta. La palabra de Dios dice: *"como el Espíritu Santo quiere"*, se refiere específicamente a la repartición de los dones para cada miembro y no a cómo operar en ellos.

Veamos algunos ejemplos.

¿Cuántos creen que pueden hablar en lenguas cuando quieran?

"¹⁴Si yo oro en lengua desconocida, mi espíritu ora, pero mi entendimiento queda sin fruto. ¹⁵¿Qué, pues? Oraré con el espíritu, pero oraré también con el entendimiento; cantaré con el espíritu, pero cantaré también con el entendimiento". 1 Corintios 14.14, 15

La traducción moderna dice esto: "Pablo dice: *yo, voluntariamente (de mi propia voluntad), oraré en lenguas y yo oraré con el entendimiento. Yo, (voluntariamente), cantaré en el espíritu o en lenguas y, también, cantaré con el entendimiento".*

Pablo no dijo: yo cuando siento algo, entonces, alabo y canto en lenguas; él dijo: *"yo lo hago cuando yo quiero".* **Los dones son dados por el Espíritu Santo, pero son operados por medio de la fe del creyente.**

De la misma manera que uno puede operar el don de lenguas cuando quiere, de esa misma forma, puede operar el don de profecía, de milagros, de sanidades y otros. Recordemos que éstos se operan mediante nuestra fe. Dios siempre quiere hablar, sanar, liberar; y si encuentra un vaso disponible, lo va a usar.

El Espíritu Santo reparte los dones, y Dios asigna las oficinas ministeriales. El Espíritu Santo es el que reparte los nueve dones y el creyente los activa por la fe, bajo la dirección total del Padre Celestial.

¿Cuál debe ser nuestra actitud hacia los dones del Espíritu Santo?

Algunos creyentes toman una actitud muy pasiva y de mucha indiferencia hacia los dones, pero la Palabra nos enseña cuál debe ser nuestra actitud hacia ellos.

1. **No ser ignorantes acerca de los dones.** La palabra ignorante en el griego es *"agnoeo"*, que significa no reconocer, no conocer, no estar familiarizado, no estar informado, no tener conocimiento funcional que permita experimentar. Lo que el apóstol Pablo le está diciendo a los corintios es: "yo quiero que ustedes conozcan, se familiaricen, estén informados y tengan un conocimiento revelado de los dones para que puedan funcionar en ellos y, de esa

manera, puedan experimentar lo que es moverse en los dones".

"¹No quiero, hermanos, que ignoréis acerca de los dones espirituales". 1 Corintios 12.1

El conocimiento acerca de los dones del Espíritu Santo, es el principio de la manifestación de los dones por la fe.

2. **Procurad los mejores dones.** La palabra procurad en el griego es *"zeloo"*, que significa un gran deseo de ver ocurrir algo. Es un instinto que motiva al creyente a desear más allá de lo que la gente pueda pensar. Esta pasión nos lleva a olvidarnos de nuestra propia imagen, sin importarnos lo que las personas digan acerca de nosotros. Es una pasión tan fuerte que nos hace anhelar, desear y querer ver la manifestación de los dones en nuestra vida.

"³¹Procurad, sin embargo, los dones mejores".
1 Corintios 12.31

Desear es una clave para recibir cualquier cosa de Dios.

"²⁴Por tanto, os digo que todo lo que pidáis orando, creed que lo recibiréis, y os vendrá". Marcos 11.24

Los dones espirituales son el único atributo divino o bendición espiritual que el apóstol Pablo declara a los corintios que pueden desear.

3. **Avivar los dones.** La palabra avivar en el griego es *"anazopureo"*, que significa encender de nuevo, mantener la llama viva. Aquí vemos que el apóstol Pablo le dice a Timoteo que tiene que volver a encender el fuego. Si él le dice esto, es porque el don que Timoteo había recibido en su ordenación, y que fue impartido por el presbiterio, se había apagado. Eso nos da a entender que podemos tener un don dado por Dios, pero que es nuestro deber mantenerlo avivado.

"⁶Por lo cual aconsejo que avives el fuego del don de Dios que está en ti, por la imposición de mis manos".
2 Timoteo 1.6

El avivamiento del don está basado en la voluntad del creyente y no en la de Dios. También, los dones pueden ser avivados en un creyente por medio de un apóstol de Dios.

¿Cómo podemos volver a avivar el don en nosotros?

Dios nos ha dado un don a cada uno y quiere usarnos a través del mismo. Por eso, no tenga temor si se equivoca al usarlo, active su don por medio de la fe y la gracia de Dios. Comience a practicar ahora, y recuerde que el don se desarrolla con el uso. Pídale a Dios en oración que le dé un pensamiento o una impresión para alguna persona.

4. **Los dones se desarrollan por el ejercicio y el uso.** Todo don espiritual y toda gracia de Dios, si no se usa, ejercita o practica, no se puede desarrollar. Hay muchas personas que tienen el don de profecía y el don de sanidades, pero no lo ejercitan ni lo usan, y como resultado, no lo desarrollan. El discernimiento es desarrollado por medio de la práctica, y no sólo por la enseñanza y la predicación.

"14El alimento sólido es para los que han alcanzado madurez; para los que por el uso tienen los sentidos ejercitados en el discernimiento del bien y del mal". Hebreos 5.14

5. **Los dones no se deben descuidar.** Como creyentes, no debemos descuidar el don que Dios ha puesto en cada uno de nosotros. No debemos abusar de él ni darle mal uso porque Dios nos pedirá cuentas. He encontrado un sinnúmero de creyentes que tienen el don de milagros, sanidades, profecía, discernimiento de espíritus, entre otros, pero lo tienen apagado porque lo descuidaron.

"14No descuides el don que hay en ti, que te fue dado mediante profecía con la imposición de las manos del presbiterio". 1 Timoteo 4.14

Dios nos ha dado los dones con el propósito de edificar la iglesia y glorificar a Jesús; por eso, no podemos ser ignorantes acerca de ellos. Debemos procurar y anhelar los dones para avivarlos en nosotros, porque cuando los usamos a menudo, entonces los estaremos desarrollando en nuestras vidas.

Veamos lo que dice la Palabra:

"10Cada uno según el don que ha recibido, minístrelo a los otros, como buenos administradores de la multiforme gracia de Dios". 1 Pedro 4.10

Los dones del Espíritu Santo los podemos clasificar en tres categorías. En cada una de ellas, Dios hace algo diferente.

DONES DE PODER	DONES DE INSPIRACIÓN O VOCALES	DONES DE REVELACIÓN
• Don de fe	• Profecía	• Palabra de ciencia o conocimiento
• Don de sanidades	• Diversos géneros de lenguas	• Palabra de sabiduría
• Don de milagros	• Interpretación de lenguas	• Discernimiento de espíritu

DONES DE PODER

Éstos son los dones en los cuales Dios está haciendo algo.

"⁹...a otro, fe por el mismo Espíritu; y a otro, dones de sanidades por el mismo Espíritu. ¹⁰A otro, el hacer milagros; a otro, profecía; a otro, discernimiento de espíritus; a otro, diversos géneros de lenguas, y a otro, interpretación de lenguas". 1 Corintios 12.9, 10

¿Qué es el don de fe?

1. **Don de fe.** Es una manifestación sobrenatural del Espíritu Santo que le da la habilidad a un creyente, de creer a Dios con confianza cualquier cosa en un momento específico, tal como Dios cree.

   Algunos tipos de fe que no son parte del "don de fe" son:

   - **El don de fe es distinto de la fe salvadora.** El don de fe es recibido únicamente después de la salvación.

     "⁸...porque por gracia sois salvos por medio de la fe; y esto no de vosotros, pues es don de Dios". Efesios 2.8

Es cierto que la fe salvadora es un don de Dios para el pecador, con el fin de que reciba a Jesús. Sin embargo, el don de fe es un don del Espíritu Santo que permite obrar milagros. La fe salvadora actúa de acuerdo a un plan en el cumplimiento de las promesas, y la fe de milagros actúa en las cosas inesperadas.

- El don de fe es distinto a la fe general o la medida de fe.

- El don de fe no es dado a todos los creyentes, pero Dios sí da una medida de fe a cada creyente para que reciba sus promesas.

"³Digo, pues, por la gracia que me es dada, a cada cual que está entre vosotros, que no tenga más alto concepto de sí que el que debe tener, sino que piense de sí con cordura, conforme a la medida de fe que Dios repartió a cada uno". Romanos 12.3

Aunque el don de fe y el don de milagros "producen" milagros, el don de milagros **hace** un milagro y el don de fe **recibe** un milagro.

- El don de fe es distinto a la fe como fruto del Espíritu.

"²²Pero el fruto del Espíritu es amor, gozo, paz, paciencia, benignidad, bondad, fe..." Gálatas 5.22

El don de fe es el don más grande de los dones de poder.

Un ejemplo de cómo actúa el don de fe, lo podemos ver en la siguiente escritura:

"²¹Entonces Daniel respondió al rey: —¡Rey, vive para siempre! ²²Mi Dios envió su ángel, el cual cerró la boca de los leones para que no me hicieran daño, porque ante él fui hallado inocente; y aun delante de ti, oh rey, yo no he hecho nada malo. ²³Se alegró el rey en gran manera a causa de él, y mandó sacar a Daniel del foso. Sacaron, pues, del foso a Daniel, pero ninguna lesión se halló en él, porque había confiado en su Dios". Daniel 6.21-23

¿Cuáles son los propósitos del don de fe?

- Protección personal en momentos de peligro.

  "³Entonces Pablo recogió algunas ramas secas y las echó al fuego; y una víbora, huyendo del calor, se le prendió en la mano. ⁴Cuando la gente de allí vio la víbora colgando de su mano, decía:— Ciertamente este hombre es homicida, a quien, escapado del mar, la justicia no deja vivir. ⁵Pero él, sacudiendo la víbora en el fuego, ningún daño padeció". Hechos 28.3-5

- Recibir sustento sobrenatural.

*"²Llegó a él una palabra de Jehová, que decía: ³«Apártate de aquí, vuelve al oriente y escóndete en el arroyo Querit, que está frente al Jordán. ⁴Beberás del arroyo; yo he mandado a los cuervos que te den allí de comer». ⁵Él partió e hizo conforme a la palabra de Jehová, pues se fue y vivió junto al arroyo Querit, que está frente al Jordán. ⁶Los cuervos le traían pan y carne por la mañana y por la tarde, y bebía del arroyo".
1 Reyes 17.2-6*

- Impartir disciplina espiritual.

Aquellos individuos que han cometido ofensas graves, por medio del don de fe, se disciplinan. Como fue el caso de los muchachos que se burlaron de Eliseo y le gritaron improperios. Cuando Eliseo los maldijo, se los comieron unos osos.

*"²³Después Eliseo salió de allí hacia Bet-el. Subía por el camino, cuando unos muchachos salieron de la ciudad y se burlaban de él, diciendo: «¡Sube, calvo! ¡Sube, calvo!». ²⁴Miró él hacia atrás, los vio y los maldijo en nombre de Jehová. Salieron dos osos del monte y despedazaron a cuarenta y dos de esos muchachos".
2 Reyes 2.23, 24*

- Ganar batallas sobrenaturalmente.

"¹⁰Josué hizo como le dijo Moisés y salió a pelear contra Amalec. Moisés, Aarón y Hur subieron a la cumbre del collado. ¹¹Y sucedía que cuando alzaba Moisés su mano, Israel vencía; pero cuando él bajaba su mano, vencía Amalec". Éxodo 17.10, 11

"³⁰Por la fe cayeron los muros de Jericó después de rodearlos siete días". Hebreos 11.30

- Resucitar muertos.

Hay muchas personas que fueron resucitadas de los muertos en el Antiguo y en el Nuevo Testamento. Esto quiere decir que el don de fe y el de milagros han estado presentes desde ese tiempo.

- Liberar a personas de espíritus inmundos.

"¹¹Y hacía Dios milagros extraordinarios por mano de Pablo, ¹²de tal manera que hasta los pañuelos o delantales que habían tocado su cuerpo eran llevados a los enfermos, y las enfermedades se iban de ellos, y los espíritus malos salían". Hechos 19.11, 12

- Suplir necesidades financieras

"⁵Se fue la mujer y se encerró con sus hijos. Ellos le traían las vasijas y ella echaba del aceite. ⁶Cuando las vasijas estuvieron llenas, dijo a uno de sus hijos:—Tráeme otras vasijas. —No hay más vasijas—respondió él. Entonces cesó el aceite. ⁷Ella fue a contárselo al hombre de Dios, el cual dijo: —Ve, vende el aceite y paga a tus acreedores; tú y tus hijos vivid de lo que quede".
2 Reyes 4.5-7

¿Cuáles son las evidencias que reflejan que un creyente tiene el don de fe?

- Tiene gran facilidad para creer la palabra de Dios y sus promesas.

- Continuamente, cree en milagros físicos financieros y de cualquier otro tipo, tanto para sí mismo como para otros. Estos milagros se llevan a cabo cuando ora por ellos.

- Cuando el resto duda, la persona con el don de fe se mantiene creyendo, aún en las circunstancias más difíciles.

- Cree siempre en proyectos grandes, donde se demanda mucha fe y donde la habilidad humana no puede llegar.

- Siempre tiene una actitud de fe positiva y anima a los que están a su alrededor.

2. Don de sanidades

¿Qué es el don de sanidades?

El don de sanidades es una manifestación sobrenatural del Espíritu Santo que le da la habilidad a un creyente de ser un instrumento humano para que el poder sobrenatural de Dios sane toda clase de dolencia, ya sea orgánica, nerviosa o mental.

El don de sanidades es operado exclusivamente por el Espíritu Santo y sin ninguna ayuda natural o humana.

Un ejemplo de cómo opera el don de sanidades es el siguiente:

"¹Cuando descendió Jesús del monte, lo seguía mucha gente. ²En esto se le acercó un leproso y se postró ante él, diciendo: —Señor, si quieres, puedes limpiarme. ³Jesús extendió la mano y lo tocó, diciendo: —Quiero, sé limpio. Y al instante su lepra desapareció. ⁴Entonces Jesús le dijo: —Mira, no lo digas a nadie, sino ve, muéstrate al sacerdote y presenta la ofrenda que ordenó Moisés, para testimonio a ellos". Mateo 8.1-4

¿Cuáles son los propósitos del don de sanidades?

- Liberar los enfermos y destruir las obras del enemigo.

"38...cómo Dios ungió con el Espíritu Santo y con poder a Jesús de Nazaret, y cómo este anduvo haciendo bienes y sanando a todos los oprimidos por el diablo, porque Dios estaba con él". Hechos 10.38

- Confirmar el mensaje del evangelio.

"28...para hacer cuanto tu mano y tu consejo habían antes determinado que sucediera. 29Y ahora, Señor, mira sus amenazas y concede a tus siervos que con toda valentía hablen tu palabra, 30mientras extiendes tu mano para que se hagan sanidades, señales y prodigios mediante el nombre de tu santo Hijo Jesús». Hechos 4.28-30

Es importante que en un mundo incrédulo, sin Dios, sin fe y sin esperanza, la iglesia predique un evangelio con milagros, sanidades y prodigios, para que aquellos que no creen por la Palabra, crean por las obras.

- Las sanidades son la propaganda de Dios.

Cada vez que Dios quiere que las personas vengan a un lugar, comienza a hacer milagros y sanidades.

- El don de sanidades es para darle la gloria a Dios.

"12Entonces él se levantó y, tomando su camilla, salió delante de todos, de manera que todos se asombraron y glorificaron a Dios, diciendo: Nunca hemos visto tal cosa". Marcos 2.12

¿Cómo puede un creyente ministrar el don de sanidades a los enfermos?

- Por medio de la imposición de manos.

"40Al ponerse el sol, todos los que tenían enfermos de diversas enfermedades los traían a él; y él, poniendo las manos sobre cada uno de ellos, los sanaba". Lucas 4.40

- Por medio de la palabra hablada.

"8Respondió el centurión y dijo: —Señor, no soy digno de que entres bajo mi techo; solamente di la palabra y mi criado sanará..." Mateo 8.8

¿Cuáles son las evidencias más comunes que reflejan que un creyente tiene el don de sanidades?

- Tiene gran pasión por ver los enfermos ser sanos.

- Siente una gran compasión por aquellos que están enfermos.

- A menudo, ora por muchas personas enfermas y la mayoría de ellas son sanadas instantánea o progresivamente.

- A menudo, varias personas enfermas se acercan a usted para que ore por ellas.

La mayor parte de las veces el don de sanidades acompaña al ministerio del evangelista.

¿Cuáles son las claves para moverse en el don de sanidades?

- **La compasión.** Casi todos los milagros que Jesús hizo se realizaron porque Él estaba lleno de compasión por el dolor de su pueblo. Ésta es una clave para ser usado en el don de sanidades. La compasión no es otra cosa que sentir el dolor de otro y hacer algo al respecto.

"35Recorría Jesús todas las ciudades y aldeas, enseñando en las sinagogas de ellos, predicando el evangelio del Reino y sanando toda enfermedad y toda dolencia en el pueblo". Mateo 9.35, 36

- **La fe.** No imponga manos a personas que son incrédulas, sino a creyentes para que Dios haga algo en ellos.

¿Cómo podemos activar el don de sanidades?

- Comience a orar por los enfermos **ahora mismo.** Dondequiera que vaya y en cualquier lugar que esté. Jesús nos dio una gran comisión de ir y predicar el evangelio a toda criatura, y en su nombre, sanar a los enfermos.

- Pídale al Señor que cada día de su vida le ponga una persona enferma por la cual orar.

- Anhele y desee el don de sanidades con todo su corazón y actúe ejercitándolo todo el tiempo.

- No se desanime si no ve resultados inmediatos. Recuerde que la sanidad es instantánea o progresiva, y su trabajo es creer la Palabra y orar por las personas.

- Busque un hombre o una mujer que tiene el don de sanidades y pídale que lo active en ese don.

- Lleve un récord de todas las personas por las cuales oró y cuente cuántas de ellas fueron sanadas.

¿Qué **NO** es el don de sanidades?

- La oración que se hace por los enfermos ungiéndoles con aceite, no corresponde necesariamente al don de sanidades.

  Este tipo de oración por los enfermos es hecho por ancianos de la iglesia, y se basa en la fe de ellos y en las promesas de la Palabra, pero no significa que el don de sanidades está operando.

- El moverse bajo el don de sanidades no es hacer una oración de fe. Cada creyente tiene el mandato de Jesús para orar por los enfermos, pues tienen la autoridad y el respaldo de Dios, y pueden orar por la fe de cada uno de ellos, pero no significa que tienen el don de sanidades.

3. **Don de milagros.** ¿Qué es el don de milagros? El don de milagros es una manifestación sobrenatural del Espíritu Santo que le da al creyente la habilidad para intervenir de una manera sobrenatural, como un instrumento o agente de Dios, en el curso ordinario de la naturaleza o de

la vida. Además, es una suspensión temporal del orden acostumbrado.

"¹⁰A otro, el hacer milagros; a otro, profecía; a otro, discernimiento de espíritus; a otro, diversos géneros de lenguas, y a otro, interpretación de lenguas". 1 Corintios 12.10

¿Qué es un milagro?

Es un acto repentino de Dios, el cual se sale del círculo al que están limitadas sus criaturas o creación.

Por ejemplo, Josué ordenó al sol y a la luna que se detuviesen.

"¹²Entonces Josué habló a Jehová, el día en que Jehová entregó al amorreo delante de los hijos de Israel, y dijo en presencia de los israelitas: «Sol, detente en Gabaón, y tú, luna, en el valle de Ajalón». ¹³Y el sol se detuvo, y la luna se paró, hasta que la gente se vengó de sus enemigos". Josué 10.12, 13

Recordemos que un milagro puede ser de origen físico, financiero, de salud, transformación de una persona, una puerta que estaba cerrada, entre otros.

La diferencia entre el don de milagros y el don de sanidades, es que cuando el milagro ocurre, Dios crea algo nuevo, mientras que la

sanidad puede ser la restauración de algo dañado.

¿Cuáles son los propósitos del don de milagros?

* Liberar al pueblo de su enemigo.

 Dios libertó a su pueblo de la esclavitud de Egipto y, en medio del desierto, le dio sombra, agua, comida, vestido y, además, salieron con plata y oro. Así mismo, Dios puede detener trenes, dirigir automóviles, evitar accidentes, desviar huracanes y evitar terremotos, y todo lo hace por salvar a su pueblo.

* Proveer a los que están en necesidad.

 "14Porque Jehová, Dios de Israel, ha dicho así: "La harina de la tinaja no escaseará, ni el aceite de la vasija disminuirá, hasta el día en que Jehová haga llover sobre la faz de la tierra". 15La viuda fue e hizo como le había dicho Elías. Y comieron él, ella y su casa, durante muchos días. 16No escaseó la harina de la tinaja, ni el aceite de la vasija menguó, conforme a la palabra que Jehová había dicho por medio de Elías". 1 Reyes 17.14-16

* Confirmar la palabra predicada.

 "11Ahora, pues, la mano del Señor está contra ti, y quedarás ciego y no verás el sol por algún tiempo.

Inmediatamente cayeron sobre él oscuridad y tinieblas; y andando alrededor, buscaba quien lo condujera de la mano. ¹²Entonces el procónsul, viendo lo que había sucedido, creyó, admirado de la doctrina del Señor". Hechos 13.11, 12

- Liberarnos de situaciones de peligro.

"²³Entró él en la barca y sus discípulos lo siguieron. ²⁴Y se levantó en el mar una tempestad tan grande que las olas cubrían la barca; pero él dormía". ²⁵Se acercaron sus discípulos y lo despertaron, diciendo:— ¡Señor, sálvanos, que perecemos! ²⁶Él les dijo: —¿Por qué teméis, hombres de poca fe? Entonces, levantándose, reprendió a los vientos y al mar, y sobrevino una gran calma". Mateo 8.23-26

- Resucitar muertos.

"³⁸Jesús, profundamente conmovido otra vez, vino al sepulcro. Era una cueva y tenía una piedra puesta encima. ³⁹Dijo Jesús: —Quitad la piedra. Marta, la hermana del que había muerto, le dijo: —Señor, hiede ya, porque lleva cuatro días. ⁴⁰Jesús le dijo: —¿No te he dicho que si crees verás la gloria de Dios? ⁴¹Entonces quitaron la piedra de donde había sido puesto el muerto. Y Jesús, alzando los ojos a lo alto, dijo: —Padre, gracias te doy por haberme oído. ⁴²Yo sé que siempre me oyes; pero lo dije por causa de la multitud que está alrededor, para que crean que tú me has enviado.

⁴³Y habiendo dicho esto, clamó a gran voz: —¡Lázaro, ven fuera! ⁴⁴Y el que había muerto salió, atadas las manos y los pies con vendas, y el rostro envuelto en un sudario. Jesús les dijo: —Desatadlo y dejadlo ir". Juan 11.38-44

- Crear órganos nuevos.

"⁶Dicho esto, escupió en tierra, hizo lodo con la saliva y untó con el lodo los ojos del ciego, ⁷y le dijo: —Ve a lavarte en el estanque de Siloé—que significa «Enviado»—. Entonces fue, se lavó y regresó viendo". Juan 9.6, 7

¿Cuáles son las evidencias que reflejan que un creyente recibió el don de milagros?

- Tiene el don de fe.

  No estamos hablando de una fe cualquiera, sino de una fe especial para creerle a Dios cualquier cosa.

- A menudo, Dios lo usa para hacer milagros de todo tipo en otras personas.

- Ha visto a Dios hacer milagros del cuerpo, de finanzas y de carácter en individuos, entre otros.

- Tiene un gran atrevimiento y una osadía para orar por cosas que se ven imposibles para el ser humano.

- Dios contesta sus oraciones con resultados milagrosos.

DONES DE INSPIRACIÓN O VOCALES

Dios utiliza los dones de inspiración para declarar una palabra al creyente.

"¹⁰A otro, el hacer milagros; a otro, profecía; a otro, discernimiento de espíritus; a otro, diversos géneros de lenguas, y a otro, interpretación de lenguas". 1 Corintios 12.10

1. El don de profecía

Éste es otro de los canales para profetizar. La palabra **profecía** en el griego es *"naba"*, que significa burbujear como fuente, fluir hacia delante, declarar una cosa que solamente es conocida por revelación divina.

La profecía es uno de los nueve dones del Espíritu Santo. Es una habilidad, una gracia, que no es dada por la madurez cristiana, sino porque el Espíritu Santo desea bendecir a su pueblo.

¿Qué es el don de profecía?

Es un don del Espíritu Santo dado al creyente, para hablar una palabra inspirada por Dios y declarar su verdad con osadía; con el propósito de exhortar, consolar y edificar al cuerpo de Cristo.

"³Pero el que profetiza habla a los hombres para edificación, exhortación y consolación". 1 Corintios 14.3

¿Cuáles son los propósitos del don de profecía en el Nuevo Testamento?

- **Hablar sobrenaturalmente.** El don de lenguas habla sobrenaturalmente a Dios, pero el don de profecía habla sobrenaturalmente a los hombres.

- **Manifestar lo oculto del corazón del hombre.** Cuando una palabra de profecía es dada a una persona y se le descubren los secretos de su corazón, ese individuo reconoce que Dios está en nuestro medio, viene al conocimiento de Cristo y el Señor es glorificado.

"²⁴Pero si todos profetizan, y entra algún incrédulo o indocto, por todos es convencido, por todos es juzgado; ²⁵lo oculto de su corazón se hace manifiesto; y así, postrándose sobre el rostro, adorará a Dios, decla-

rando que verdaderamente Dios está entre vosotros".
1 Corintios 14.24, 25

- **Edificar la iglesia.** Literalmente, la palabra edificar significa levantar. Como vemos, esta palabra va más allá de hablar en lenguas, ya que éstas, simplemente, nos edifican o nos levantan a nosotros mismos. Sin embargo, cuando recibimos una profecía, ésta edifica y levanta a toda la iglesia.

"⁵Yo desearía que todos vosotros hablarais en lenguas, pero más aún que profetizarais, porque mayor es el que profetiza que el que habla en lenguas, a no ser que las interprete para que la iglesia reciba edificación". 1 Corintios 14.5

- **Exhortar a la iglesia.** Literalmente, la palabra **exhortar** significa un llamado a acercarse. Tradicionalmente, se le interpreta como el aliento y el consuelo que trae la palabra profética cuando es dada a nuestra vida, donde se nos hace un llamado a acercarnos a Dios. Después que recibimos una palabra profética genuina, nuestro corazón debe estar más sensible y más cerca de Dios. También, esa misma palabra nos trae aliento y consuelo. Hay un sinnúmero de personas que se llaman profetas y las palabras proféticas que dan son de muerte y destrucción todo el tiempo. Deseche ese tipo de profecías, no las reciba porque no vienen de Dios y no están de acuerdo a su palabra.

- **Consolar a la iglesia.** La palabra consolar significa alivio en tiempo de prueba o dificultad. Algunas veces, estamos pasando por momentos de pruebas difíciles en nuestra vida, pero Dios, que conoce nuestra condición, nos trae una palabra profética y nos consuela. Sentimos que Dios nos abraza y nos deja saber que Él está con nosotros.

- **Los creyentes aprenden.** Esto significa que los creyentes llegan a ser sabios en el fluir de los dones; se despierta en ellos una pasión por conocer más lo sobrenatural, y cuando el don de profecía se manifiesta, entonces aprenden más, no sólo de ella, sino del resto de los dones.

"³¹Podéis profetizar todos, uno por uno, para que todos aprendan y todos sean exhortados".
1 Corintios 14.31

- **Convencer a los incrédulos.** Un ejemplo de esto puede ser, cuando un incrédulo entra a una iglesia y se le acerca alguien que le da una profecía que habla a su vida directamente, descubriendo los secretos de su corazón, que sólo él sabía. Entonces, este individuo es convencido, se arrepiente de su pecado y conoce a Jesús como Señor y Salvador. Es tiempo de que la iglesia de Cristo manifieste lo sobrenatural de Dios para que el incrédulo no tenga que buscar fuentes diabólicas, sino que venga a la iglesia del Señor y que Él, por medio de nosotros, revele su corazón.

¿Qué NO es el don de profecía?

• No es la predicación de la palabra de Dios; porque predicar es, hablar las verdades bíblicas que han sido investigadas y estudiadas. La profecía es una improvisación por inspiración del Espíritu Santo. La predicación proclama el *logos*, que es la palabra escrita. La profecía proclama el *rhema*, que es una palabra viva dada por Dios en un momento específico. No es un don para guiar a los creyentes, sino para confirmar la voluntad de Dios.

• No es un don que profetiza todo el tiempo lo malo. Algunas personas creen que este don es para profetizar lo malo, los juicios y la condenación de Dios para las personas; pero la realidad es, que este don es para edificar, exhortar y consolar a su pueblo.

• El don de profecía no es igual que el oficio del profeta. Cualquier creyente puede profetizar, pero no todo creyente puede ser un profeta.

El don de profecía es dado al individuo y el profeta es dado al cuerpo.

La personalidad profética

¿Cuáles son las características de una persona que tiene una personalidad profética? Antes de estudiar las señales espirituales, veamos cuáles son las señales que evidencian que un creyente tiene una personalidad profética. Estas son:

- **Tienen la necesidad de expresar pensamientos e ideas verbal y espiritualmente** con referencia a lo correcto e incorrecto.

Veamos el caso de Pedro:

"²²Varones israelitas, oíd estas palabras: Jesús Nazareno, varón aprobado por Dios entre vosotros con las maravillas, prodigios y señales que Dios hizo entre vosotros por medio de él, como vosotros mismos sabéis; ²³a éste, entregado por el determinado consejo y anticipado conocimiento de Dios, prendisteis y matasteis por manos de inicuos, crucificándole..."
Hechos 2.22, 23

- **Tienen la habilidad de sentir cuando alguien es hipócrita y reaccionan duramente.** Las personas con una personalidad profética saben discernir entre lo correcto y lo incorrecto, lo malo y lo bueno; para ellos, no existen áreas grises.

"³Pedro le dijo: Ananías, ¿por qué llenó Satanás tu corazón para que mintieras al Espíritu Santo y sustrajeras del producto de la venta de la heredad? ⁴Reteniéndola, ¿no te quedaba a ti?, y vendida, ¿no estaba en tu poder? ¿Por qué pusiste esto en tu corazón? No has mentido a los hombres, sino a Dios". Hechos 5.3, 4

- **Las personas que tienen una personalidad profética son muy impulsivas.** No importa el precio que tengan que pagar, lo hacen con tal de ver la justicia establecida.

"⁶Cuando llegó a Simón Pedro, éste le dijo: Señor, ¿tú me lavarás los pies? ⁷Respondió Jesús y le dijo: Lo que yo hago, tú no lo comprendes ahora, pero lo entenderás después. ⁸Pedro le dijo: No me lavarás los pies jamás. Jesús le respondió: Si no te lavo, no tendrás parte conmigo. ⁹Le dijo Simón Pedro: Señor, no sólo mis pies, sino también las manos y la cabeza. ¹⁰Jesús le dijo: El que está lavado, no necesita sino lavarse los pies, pues está todo limpio; y vosotros limpios estáis, aunque no todos". Juan 13.6-10

- **Están dispuestos a sufrir por hacer lo correcto.** No importa el precio y las consecuencias que tengan que pagar, se mantienen firmes en sus decisiones con tal de que la verdad permanezca.

"29Respondiendo Pedro y los apóstoles, dijeron: Es necesario obedecer a Dios antes que a los hombres". Hechos 5.29

- **Hablan con audacia de manera persuasiva y directa.** A las personas que tienen personalidad profética, nunca les hace falta algo que decir; siempre son atrevidas y honestas cuando hablan. Además, "no tienen pelos en la lengua" y dicen la verdad ante cualquier persona.

- **Odian lo malo.** Las personas que tienen una personalidad profética, tienen la habilidad divina para identificar lo malo y confrontarlo. Éstas pueden sentir la presencia de lo malo en las circunstancias y en las personas, y no lo pueden tolerar. Su mayor deseo es que Dios sea exaltado. Odian las injusticias que se hacen en contra de las personas, y algunas veces, ellas mismas toman la iniciativa para defenderlas.

- **Aman de verdad y son amigos fieles.** Las personas proféticas no solamente aman a Dios, sino que también aman a las personas de verdad. Cuando se hacen amigos de alguien, son fieles y leales a la persona hasta la muerte.

- **Juzgan, hablan y actúan rápidamente antes de pensar.** Algunas veces, sus juicios van de acuerdo a lo que han visto y han oído, y no piensan antes de acusar o juzgar a alguien.

"¹⁰Entonces Simón Pedro, que tenía una espada, la desenvainó, e hirió al siervo del sumo sacerdote, y le cortó la oreja derecha. Y el siervo se llamaba Malco. ¹¹Jesús entonces dijo a Pedro: Mete tu espada en la vaina; la copa que el Padre me ha dado, ¿no la he de beber?" Juan 18.10, 11

- **Tienen creencias y convicciones estrictas y rígidas.** Ven las cosas como buenas o malas, falso o verdadero, correcto o incorrecto, negro o blanco; para ellos, no hay áreas grises. Además, son personas que no se comprometen, y su lema es: "hazlo ahora y hazlo correctamente".

¿Cuáles son algunos problemas que se les presentan a las personas que tienen una personalidad profética?

- La franqueza de estas personas las puede llevar a ser ofensivas y a herir a otros.

- Sus convicciones las llevan a ser inflexibles. Fácilmente, pueden desarrollar áreas ciegas en su vida debido a sus opiniones.

- Cortan con las personas que han pecado. Cuando ven que alguien está en pecado, su tendencia es cortarlo, y si no tienen cuidado, estas personas se pueden perder.

- Se condenan a sí mismas cuando le fallan a Dios. El juicio duro y severo que hacen a otros, también lo usan para juzgarse a sí mismas.

- Corrigen a las personas que no están bajo su responsabilidad. Recordemos que nosotros no tenemos derecho de corregir a nadie si primero no tenemos una relación con esa persona. Las personas con una personalidad profética tienden a corregir y a disciplinar a todo el mundo, porque odian el pecado.

Siempre que usted reciba una palabra de Dios para corregir a alguien, debe pregun-tarle al Señor si le da el permiso de hacerlo en ese momento o si debe esperar; esto es sabiduría santa para fluir en el don profético.

- Perciben más lo negativo que lo positivo. Son más sensibles a lo malo que a lo bueno.

Tienen que cuidarse de este peligro, ya que puede resultar en una persona que está más en contra que a favor de algo o de alguien.

¿Cuáles son las evidencias espirituales que muestran que un creyente tiene el don de profecía?

- Poseen una gran sensibilidad espiritual.

- Son personas que perciben las cosas buenas y malas rápidamente, donde quiera que estén y con quién estén.

- Tienen una gran pasión por levantar al caído. Recuerde que el don de profecía es para exhortar, consolar y edificar. Por consiguiente, el creyente que tiene este don, sentirá el deseo de levantar a aquel que está caído, animar al que está desalentado y, en general, edificar la iglesia de Jesús.

- A menudo, son usados por Dios para darle palabras proféticas a las personas. Dios les deja ver, oír y sentir cosas de las personas frecuentemente, sin estar buscando ni preguntando nada a Dios.

- Las profecías que han dado a otros, se cumplen.

- Tienen una gran pasión por lo sobrenatural. Todo lo es profético, es sobrenatural. Por lo tanto, todo creyente que tiene el don de profecía tiene una gran pasión por lo sobrenatural; es decir, por los milagros, las sanidades y los prodigios, entre otros.

¿Cuáles son algunas cosas que debemos saber acerca de la profecía personal?

- **La profecía personal *es* parcial.** Así como la palabra del don de sabiduría es sólo una porción mínima del conocimiento y la sabiduría de Dios de las cosas futuras, así mismo es el don de profecía, que sólo muestra una pequeña revelación de la voluntad de Dios. Él, no nos va a revelar toda nuestra vida, sino porciones de ella para que andemos y actuemos en fe.

"⁹En parte conocemos y en parte profetizamos..."
1 Corintios 13.9

- **La profecía personal es progresiva.** Toda profecía personal se cumple progresivamente a través de los años y es a medida del tiempo, que Dios va revelando su voluntad, hasta que, finalmente, podamos ver el cuadro completo.

- **La profecía personal es condicional.** Toda profecía personal está condicionada a la obediencia de la persona que la recibe.

Por eso, vemos que muchas personas mueren sin ver su profecía cumplida, porque no obedecieron lo que Dios les pidió. Sin embargo, hay profecías divinas incondicionales que incluyen todas aquellas declaraciones divinas que son irrevocables. Ellas se cumplirán en algún momento, y no hay nadie que las pueda detener. Normalmente, éstas son profecías generales y no personales. Si es una profecía personal, estará condicionada a la obediencia del individuo, y si no obedece, la profecía no se cumplirá. Por ejemplo, Dios le habló a un hombre de negocios que iba a recibir millones de dólares en su mano para bendecir al reino de Dios, pero éste nunca dio dinero para el reino de Dios; no sembró, no actuó en la Palabra ni obedeció lo que Dios le pedía, entonces en estas condiciones la palabra profética no se puede cumplir. Si una persona que recibe una palabra profética no cambia su manera de pensar y sigue actuando como si nunca la hubiese recibido, esta palabra nunca se cumplirá, a menos que sea una profecía incondicional.

¿Qué son las profecías incondicionales?

Son aquellas que tienen que ver con el propósito y con el plan general y universal de Dios para la humanidad; nada puede impedir que estas profecías se cumplan. Son profecías que Dios ya declaró y serán llevadas a cabo sin importar lo que suceda. Dios lo dijo y se cumplirá.

¿Cuáles son las profecías condicionales?

Son aquellas palabras proféticas dadas por Dios a individuos, y éstas pueden cancelarse o eliminarse si el individuo no obedece a la condición de la profecía.

Cada profecía debe ser juzgada en la congregación por dos o tres personas. Recuerde, no se juzga al profeta sino a la profecía. Algunas veces, ciertos profetas que no están viviendo bien sus vidas personales, traen palabras proféticas exactas y precisas. En la Biblia, hay un montón de ellos. El profeta no se cataloga por la exactitud de su profecía, sino por la madurez de su carácter; es decir, por el fruto del espíritu en su vida. La profecía es juzgada de acuerdo a lo siguiente:

- Cada profecía personal debe estar acorde con la palabra escrita de Dios.

"19Tenemos también la palabra profética más segura, a la cual hacéis bien en estar atentos como a una antorcha que alumbra en lugar oscuro, hasta que el día amanezca y el lucero de la mañana salga en vuestros corazones. 20Pero ante todo entended que ninguna profecía de la Escritura es de interpretación privada, 21porque nunca la profecía fue traída por voluntad humana, sino que los santos hombres de Dios hablaron siendo inspirados por el Espíritu Santo". 2 Pedro 1.19-21

Por ejemplo, hay personas que dicen: "Dios me dijo que deje a mi mujer y me case con otra". Eso contradice la palabra de Dios, y por lo tanto, no es de Dios; deséchelo.

También, hay personas que usan el don profético como un medio de manipulación y control sobre las personas; aun casan a las personas, les dan llamados al ministerio, y en realidad, estas profecías son resultado de la carne; y a esto, Samuel le llamó pecado de brujería.

Cada uno de nosotros, debe andar en el espíritu y tener una relación cercana con Dios para ser influenciados por el Espíritu Santo y no por nuestra carne o por espíritus demoníacos de adivinación.

Existen tres fuentes de inspiración cuando profetizamos:

- Un espíritu demoníaco
- El espíritu humano
- El Espíritu de Dios

- Cada profecía debe armonizar con el testimonio del Espíritu. Si hay una profecía que contradice el testimonio del Espíritu con nuestro espíritu, es mejor que la descartemos.

- La profecía produce frutos del Espíritu. Cuando Dios usa a alguien para darnos una palabra profética, después de recibirla, nos trae más amor, más paz, nos hace más pacientes, más bondadosos y nuestra fe crece. Esto es una señal de que esa profecía es de Dios.

- Cada profecía personal debe ser confirmada por dos o tres personas. Es muy sabio que, antes de tomar una decisión acerca de algo, espere la confirmación de dos o tres personas para que conste como dice la Palabra: lo testifiquen otros también.

"29Asimismo, los profetas hablen dos o tres, y los demás juzguen lo que ellos dicen". 1 Corintios 14.29

¿Qué hacer con las profecías que recibimos?

Hay personas que dicen: "Si esta profecía es de Dios, se va a cumplir; yo la cuelgo en la pared y si no se cumple, no era de Dios". Esa no debe ser nuestra actitud hacia las profecías que recibimos. Para que esas profecías se cumplan, tenemos que poner de nuestra parte humana.

¿Qué debemos hacer?

- **Responder en fe.** Después que usted reciba la palabra profética, empiece a actuar y a hacer lo que el Espíritu Santo le pide que haga. Él le guiará a tomar la acción correspondiente para que se cumpla lo que le prometió.

"⁶Pero sin fe es imposible agradar a Dios, porque es necesario que el que se acerca a Dios crea que él existe y que recompensa a los que lo buscan". Hebreos 11.6

- **Obedecer a Dios.** La verdadera fe siempre está ligada a la obediencia. La obediencia es el resultado de dos cosas: el oír y el hacer. Si oímos y no hacemos lo que oímos, la palabra profética no se cumple.

"²²Sed hacedores de la palabra y no tan solamente oidores, engañándoos a vosotros mismos". Santiago 1.22

Es mejor no saber, que saber y no hacer nada.

- **La paciencia es de gran importancia.** Una de las definiciones de paciencia es permanecer animado y constante en medio de la presión. Algunas veces, necesitaremos mucha paciencia para esperar que Dios cumpla lo que prometió. Cuanto más difícil se pone la situación en nuestra vida, más pacientes tenemos que ser, esperando animados en medio de la crisis. El no ser paciente, le puede llevar a abortar el plan de Dios en su vida, o el enemigo le ofrecerá un Ismael antes que venga su Isaac.

"¹Saraí, mujer de Abram, no le daba hijos; pero tenía una sierva egipcia que se llamaba Agar". Génesis 16.1

Esto fue lo que le sucedió a Abraham, que después de haber esperado por doce años la palabra que Dios le había dado, se desesperó. Su mujer Sarah le dio una sugerencia: que tomara por mujer a su criada, y Abraham la tomó. Como resultado, nació Ismael, que significa: "asno salvaje", de quien viene la descendencia de los musulmanes. Esto fue producto de la desobediencia de Abraham. (Hoy día, esta desobediencia ha traído, como resultado, problemas entre los musulmanes y los judíos).

"¹¹Y añadió el ángel de Jehová: —Has concebido y darás a luz un hijo, y le pondrás por nombre Ismael porque Jehová ha oído tu aflicción. ¹²Será un hombre fiero, su

mano se levantará contra todos y la mano de todos contra él; y habitará delante de todos sus hermanos".
Génesis 16.11, 12

Después vino su hijo Isaac; pero primero, vino Ismael por la impaciencia. El enemigo tratará de traerle un Ismael antes que Dios le traiga su Isaac, que es el hijo de la promesa.

"12...a fin de que no os hagáis perezosos, sino imitadores de aquellos que por la fe y la paciencia heredan las promesas". Hebreos 6.12

¡Espere pacientemente que el Señor cumplirá lo que le ha prometido! Espere en Él y Él hará. Hay muchos matrimonios, ministros y negocios que son el resultado de la impaciencia, son un "Ismael". Pero, generalmente, lo único que esto trae es contienda y división. Por eso es, que ¡vale la pena esperar en Dios!

• **Haga guerra con sus profecías.** Cada vez que recibo una profecía, hago guerra al enemigo con ella; la grabo, la escribo, la medito y se la recuerdo. Hay promesas de Dios para nuestra vida y nuestro ministerio.

Cuando el enemigo le trae desánimo, recuérdele las palabras proféticas que ha recibido.

"18Este mandamiento, hijo Timoteo, te encargo, para que, conforme a las profecías que se hicieron antes en cuanto a ti, milites por ellas la buena milicia..." 1 Timoteo 1.18

- **Grabar las profecías.** Cada vez que nos den una profecía, es muy importante grabarla de inmediato.

¿Por qué es importante grabar la profecía?

- **Es un recordatorio para la persona que la recibe.** Algunas veces, estamos bajo la unción, y si la profecía es larga, después se nos hará difícil recordarla en su totalidad. Por eso, es importante grabarlas, escribirlas y meditarlas para nuestro propio beneficio.

- **Es una protección para la persona que profetiza.** Hay personas que mal interpretan las profecías sacándolas de contexto, y luego, empiezan a tomar decisiones basándose en ellas, por eso, para proteger al profeta de las malas interpretaciones es importante grabarlas.

El segundo don que está bajo la categoría de los dones de inspiración o vocales, es el don de diversos géneros de lenguas.

1. Diversos géneros de lenguas

¿Qué es el don de diversos géneros de lenguas?

Es la expresión sobrenatural del Espíritu Santo dada al creyente para hablar en una lengua que jamás ha aprendido y que ni siquiera es comprendida por su mente.

Son lenguas personales que todo creyente puede hablar. Ésta es una de las señales que Jesús dijo que nos seguiría y es dada especialmente para la edificación del creyente y no para la edificación del cuerpo en general, como sí lo es el don de interpretación de lenguas.

Hay una diferencia entre las lenguas como señal inicial del bautismo del Espíritu Santo, y el don de interpretación de lenguas para todos los creyentes.

¿Cuáles son los propósitos del don de lenguas como señal inicial al creyente cuando recibe el bautismo con el Espíritu Santo?

- Hablar en lenguas es la evidencia escritural del bautismo del Espíritu Santo.

"⁴Todos fueron llenos del Espíritu Santo y comenzaron a hablar en otras lenguas, según el Espíritu les daba que hablaran". Hechos 2.4

- Hablar en forma sobrenatural con Dios.

"²El que habla en lenguas no habla a los hombres, sino a Dios, pues nadie le entiende, aunque por el Espíritu habla misterios". 1 Corintios 14.2

- Magnificar a Dios.

"⁴⁶...porque los oían que hablaban en lenguas y que glorificaban a Dios". Hechos 10.46

- Edificarnos a nosotros mismos.

"⁴El que habla en lengua extraña, a sí mismo se edifica; pero el que profetiza, edifica a la iglesia". 1 Corintios 14.4

2. El don de interpretación de lenguas

¿Qué es el don de interpretación de lenguas?

Es la manifestación sobrenatural dada por el Espíritu Santo al creyente para poder interpretar un mensaje en lengua desconocida.

¿Cuál es el propósito principal del don de interpretación de lenguas?

- Edificar la iglesia

"¹²Así pues, ya que anheláis los dones espirituales, procurad abundar en aquellos que sirvan para la edificación de la iglesia". 1 Corintios 14.12

Recuerde que el don de interpretación de lenguas no es una traducción literal palabra por palabra, sino una interpretación de un mensaje en lenguas, ya sea corto o largo.

¿Cómo descubrir su don espiritual?

- **Explore las posibilidades.**

  Busque los medios que le ayudarán a identificar cuál es su don, y después, investigue la definición y las evidencias que tiene ese don para que pueda ejercerlo adecuadamente.

- **Experimente con varios dones.**

  Hágase preguntas, tales como: ¿Tendré yo ese don? ¿Qué tan a menudo soy usado en ese don? Cuando me ejército en ese don, ¿cuáles son los resultados?

Cuando estoy ejercitando ese don, ¿me siento feliz o me siento frustrado? ¿He tenido pasión por eso toda mi vida? ¿Será mi don o no?

Comience a experimentar, involucrándose en la iglesia local y sirviendo en lo que cree que es su don.

- **Examine sus sentimientos.**

¿Qué es lo que más le gusta a usted?

¿Cómo se siente usted cuando está ejercitando su don?

Hágase preguntas, tales como: ¿Tengo paz y gozo cuando hago esto? ¿Este don va de acuerdo a mi personalidad o temperamento? ¿Me gustaría hacer esto toda mi vida? ¿Es esto lo que más me llena, y si hago otra cosa diferente, me sentiría solo y vació?

- **Evalúe su efectividad.**

Hágase preguntas acerca de cuáles son los resultados después de experimentar un don, por ejemplo: ¿Son los resultados más positivos que negativos? ¿Qué tan frecuentemente Dios me usa en ese don?

- **Confirmación de Dios, la cobertura y el pueblo.**

  Cuando usted genuinamente tiene un don, Dios siempre lo va a respaldar con unción. La cobertura, que es su mentor o pastor, lo va a reconocer, y además, el pueblo lo buscará y lo confirmará, porque se dará cuenta de que usted tiene el don.

DONES DE REVELACIÓN

Éstos son lo dones por medio de los cuales Dios revela algo.

Es muy importante conocer los dones de revelación. Si deseamos caminar en lo profético, veremos operar estos dones en nosotros con frecuencia.

1. Palabra de ciencia o conocimiento

¿Qué es el don de palabra de ciencia o conocimiento?

La palabra de ciencia o conocimiento es la revelación sobrenatural del Espíritu Santo en un momento específico. Revela ciertos hechos de la mente de Dios y verdades escondidas con respecto al tiempo pasado y presente de personas, lugares y cosas. Su revelación sólo se transmite de una forma sobrenatural.

¿Qué NO es el don de palabra de ciencia o conocimiento?

- En primer lugar, su nombre no es don de conocimiento, sino el don de **palabra** de conocimiento.

- No es un conocimiento que se puede adquirir al estudiar.

- No es un conocimiento que se puede acumular a través de la vida.

Existen tres niveles de conocimiento:

- **Conocimiento humano o natural.** Éste es el tipo de conocimiento que cada persona ha adquirido en la vida, por medio de experiencias y enseñanzas vividas diariamente.

- **Conocimiento bíblico.** Éste es el tipo de conocimiento que hemos adquirido mediante el estudio, la lectura y la meditación de la palabra de Dios.

- **El don de palabra de ciencia o conocimiento.** Éste es un don del Espíritu Santo, que viene en un momento específico por medio de una revelación sobrenatural. Este conocimiento no tiene nada que ver con un saber natural o bíblico; es una revelación del Espíritu Santo.

¿Cuál es el propósito del don de palabra de ciencia?

- Revelar planes del enemigo.

"¹²Uno de los siervos respondió: No, rey y señor mío; el profeta Eliseo, que está en Israel, es el que hace saber al rey de Israel las palabras que tú hablas en tu habitación más secreta". 2 Reyes 6.12

- Descubrir el pecado escondido.

> *"26Pero Eliseo insistió: Cuando aquel hombre des-*
> *cendió de su carro para recibirte, ¿no estaba también*
> *allí mi corazón? ¿Acaso es tiempo de tomar plata y*
> *tomar vestidos, olivares, viñas, ovejas, bueyes, siervos y*
> *siervas? 27Por tanto, la lepra de Naamán se te pegará*
> *a ti y a tu descendencia para siempre. Y salió de su*
> *presencia leproso, blanco como la nieve".*
> *2 Reyes 5.26, 27*

- Revelar causas de enfermedades o influen-cias demoníacas. En muchas ocasiones, Dios muestra la causa principal de una enfermedad en una persona; y en otras, la causa por la cual la persona no puede ser libre de una opresión satánica.

- Revelar acerca de personas, cosas o propie-dades perdidas. En la palabra de Dios, vemos el caso específico de las asnas perdidas. El profeta Samuel le revela a Saúl el lugar exacto donde estaban las asnas.

> *"20En cuanto a las asnas que se te perdieron hace ya*
> *tres días, pierde cuidado de ellas, porque han sido*
> *halladas. Además, ¿para quién es todo lo que hay de*
> *codiciable en Israel, sino para ti y para toda la casa de*
> *tu padre?" 1 Samuel 9.20*

Si hay algo perdido en tu vida, pídele al Señor que te revele dónde está esa persona, cosa o todo aquello de valor que hayas perdido.

Ilustración: Mi cadena

Estaba de vacaciones en Fort Myers con mi familia, y cuando íbamos a regresar a casa, me di cuenta que no tenía una cadena de oro que llevaba conmigo. La busqué por todos lados. Me tomó como unos veinte minutos tratar de encontrarla, pero me fue imposible hallarla. Entonces, le pregunté al Señor dónde estaba mi cadena, y al instante, tuve la impresión de que estaba escondida en una gaveta de uno de los cuartos. Me dirigí hacia la gaveta y allí estaba la cadena. ¡Gloria a Dios!

- Revelar secretos de las personas para corrección, arrepentimiento y beneficio espiritual. A menudo, Dios revela ciertas cosas específicas de una persona con el propósito de que cambie su manera de vivir, que haya un arrepentimiento y que ese individuo sea bendecido.

- Revelar causas y soluciones en problemas de liberación, sanidad y consejería. Cuando se le da consejería a una persona, principalmente es porque hay algo muy profundo que algunas veces, ni la misma persona sabe lo que es, y por eso, es necesaria la intervención del Espíritu Santo, para que revele la causa y la solución del problema.

- Revelar una estrategia de cómo orar por cierta situación específica. Cuando estamos orando por una situación en especial, el Espíritu Santo nos revela y nos da la estrategia de cómo poder penetrar y hacer guerra por esa situación.

- Revelar pecado y corrupción en una persona.

"⁹Pedro le dijo: ¿Por qué convenisteis en tentar al Espíritu del Señor? He aquí a la puerta los pies de los que han sepultado a tu marido, y te sacarán a ti. ¹⁰Al instante ella cayó a los pies de él, y expiró. Cuando entraron los jóvenes, la hallaron muerta; la sacaron y la sepultaron junto a su marido".
Hechos 5.1-10

- Revelar hechos privados en la vida de una persona.

"¹⁵La mujer le dijo: Señor, dame esa agua, para que no tenga yo sed ni venga aquí a sacarla. ¹⁶Jesús le dijo: Ve, llama a tu marido, y ven acá. ¹⁷Respondió la mujer y dijo: No tengo marido. Jesús le dijo: Bien has dicho: "No tengo marido", ¹⁸porque cinco maridos has tenido y el que ahora tienes no es tu marido. Esto has dicho con verdad. ¹⁹Le dijo la mujer: Señor, me parece

que tú eres profeta. [20]*Nuestros padres adoraron en este monte, pero vosotros decís que en Jerusalén es el lugar donde se debe adorar". Juan 4.15-19*

La palabra de ciencia tiene la habilidad de penetrar a través de todas las apariencias humanas. Es una habilidad sobrenatural dada por Dios a los creyentes.

¿Cómo podemos operar en el don de palabra de ciencia o conocimiento?

- **Por inspiración y motivación** del Espíritu Santo. Nosotros no podemos tener esa habilidad sobrenatural si no es porque el Espíritu Santo nos da la capacidad para operarla.

- **Activado por fe.** Cuando Dios nos muestra algo de alguien o de una cosa, lo próximo que debemos hacer, es tomar un paso de fe para compartir lo que Dios nos ha dado; y de esa manera, se activa el don.

¿Cuáles son algunas evidencias que muestran que usted tiene el don de palabra de ciencia o conocimiento?

- **Cuando Dios le revela a menudo ciertas cosas de personas, acerca de su pasado y su presente.** La clave para saber si se tiene este don, es que Dios le muestre con frecuencia situaciones específicas acerca de las personas, tales como: su matrimonio, su salud o sus finanzas. Algunas veces, Dios muestra pecados cometidos en la vida de esa persona, tanto en el pasado como en el presente. Otras veces, Dios revela motivos e intenciones del corazón de la gente para protegernos. Habrá muchas ocasiones en que usted no está buscando saber nada de las personas, pero de repente, vendrá ese conocimiento de algo específico de ellas; y otras veces, será algo que le ocurra casi de continuo. Si esto le sucede, ésta es una señal de que usted tiene dicho don.

- **Cuando Dios le muestra, a menudo, planes y estrategias del enemigo en contra de personas y de usted mismo.** Algunas veces, usted se dará cuenta del espíritu in-mundo que está atormentando a una persona, y Dios le mostrará cómo entró en ella y cuál es la solución. Otras veces, la persona con este don llega a una casa y Dios le muestra objetos satánicos, los cuales le dan derecho legal al enemigo para permanecer en esa casa.

Recuerde que si usted tiene el don, frecuentemente, el Señor le revelará cosas de personas, cosas, lugares, peligros y decisiones que debe tomar. El don opera de una manera tan común, que usted no tiene que estar buscando muchas veces que Dios le muestre algo. En algunos creyentes, el don de palabra de ciencia operará más fuerte que en otros. Esto es debido al llamado de Dios en la vida de esa persona. Los que operan en este don, son principalmente, los profetas.

2. El don de palabra de sabiduría

¿Qué es el don de palabra de sabiduría?

Es la revelación sobrenatural que da el Espíritu Santo a una persona en un momento específico. Es decir, el Espíritu Santo, a través de este don, nos revela la mente, la voluntad y los propósitos de Dios para una persona en cuanto a eventos que ocurrirán en el futuro.

"⁸A uno es dada por el Espíritu palabra de sabiduría..."
1 Corintios 12.8

¿Qué NO es el don de palabra de sabiduría?

- A este don, no se le llama el don de sabiduría, sino el don **de palabra** de sabiduría.

- No es la sabiduría humana adquirida a través de la vida.

- No es la sabiduría divina adquirida a través de los años, por medio de la Biblia.

¿Cuáles son los tres niveles de sabiduría?

Sabiduría natural o mundana. Éste es le tipo de sabiduría adquirida por las experiencias buenas y malas que hemos tenido en la vida.

Sabiduría divina o bíblica. La palabra de Dios nos da la capacidad de adquirir sabiduría en cada una de las áreas de nuestra vida, tales como: la familia, el dinero, las amistades, entre otros.

El don de palabra de sabiduría. Éste es el don del Espíritu Santo que revela a las personas el propósito y la voluntad de Dios de eventos futuros. La mayor parte de las veces, la palabra de ciencia y la palabra de sabiduría operan juntas. Una revela situaciones y eventos del pasado y del presente, y la otra revela situaciones y eventos futuros. Cuando viene una palabra profética que nos habla del futuro, algunas veces, está acompañada de una palabra de sabiduría. Hay personas que a todo le llaman profecía. Recuerde que son nueve dones en operación.

¿Cuál es el propósito del don de palabra de sabiduría?

- **Advertir un peligro** y evitar sufrir daño.

"12Pero siendo avisados por revelación en sueños que no volvieran a Herodes, regresaron a su tierra por otro camino". Mateo 2.12

Dios nos mostrará peligros futuros para que podamos tomar las medidas correctas y no caigamos en la trampa del enemigo.

- **Avisar** de juicios y bendiciones venideras.

"12Después dijeron los huéspedes a Lot: ¿Tienes aquí alguno más? Saca de este lugar a tus yernos, hijos e hijas, y todo lo que tienes en la ciudad, 13porque vamos a destruir este lugar, por cuanto el clamor contra la gente de esta ciudad ha subido de punto delante de Jehová. Por tanto, Jehová nos ha enviado a destruirla". Génesis 19.12, 13

- **Confirmar y hacer saber** un llamado divino.

Algunas veces, el Señor usará el don de palabra de sabiduría para hacer saber su voluntad y su propósito con referencia al llamado divino de una persona.

- **Asegurar bendiciones** que han de venir.

Algunas veces, desmayamos con respecto a las promesas que Dios nos ha dado, pero Él, mediante una palabra de sabiduría, nos da la seguridad de que esas promesas se cumplirán.

¿Cómo operar en el don de palabra de sabiduría?

- Por medio de una inspiración o motiva-ción del Espíritu Santo.

Es el Espíritu Santo que nos da la habilidad para poder conocer aspectos positivos y negativos de las personas.

- **Por medio de la activación por fe.**

Como todas las cosas de Dios se hacen y se activan por fe, de esta misma manera, operamos este don.

¿Cuáles son las evidencias que muestran que usted tiene el don de palabra de sabiduría?

- Cuando Dios le revela frecuentemente planes y cosas acerca de personas que tienen que ver con su futuro.

- Cuando, a menudo, Dios le avisa de peligros, bendiciones y juicios futuros para personas o naciones.

- Cuando Dios le revela y le confirma palabras de bendiciones que están operando en las personas.

Si usted nunca se ha movido en los dones de palabra de ciencia y sabiduría, comience hoy y el Señor honrará su fe.

3. El don de discernimiento de espíritus

¿Qué es el don de discernimiento de espíritus?

Es la habilidad sobrenatural dada a una persona por el Espíritu Santo, para poder entender, percibir, reconocer y ver los espíritus, ya sea de una persona o de cualquier lugar. El creyente con este don, tiene la habilidad de penetrar el mundo espiritual y reconocer los espíritus, tanto buenos como malos. También, tiene la habilidad de percibir si las acciones de una persona son inspiradas por Dios, Satánicas, o simplemente una fuente humana.

El don de discernimiento de espíritus incluye cuatro aspectos:

- **Entender** cómo los espíritus operan.
- **Percibir** cuándo hay espíritus operando.
- **Reconocer** los espíritus.
- **Ver** los espíritus.

¿Qué NO es el don de discernimiento de espíritus?

- No es leer el pensamiento y la mente de una persona.
- No es descubrir los pecados de otros.
- No es solamente ver demonios.

Me he encontrado con muchas personas que dicen tener el don de discernimiento de espíritus, pero todo lo que ven es malo. Este don nos sirve para identificar los diferentes tipos de espíritus, tanto los buenos como los malos.

¿Cuáles son los tres niveles de discernimiento?

Discernimiento natural. Cada ser humano tiene un nivel de percepción natural dado por Dios. El Señor hizo al ser humano un espíritu, y aunque tenga una naturaleza caída, todo hombre tiene la habilidad de percibir algo en el espíritu.

Discernimiento psíquico. Esta clase de discernimiento tiene que ver con el alma del individuo. La percepción es de la mente y las emociones.

Discernimiento espiritual o discernimiento de espíritus. Esto abarca muchas cosas, por ejemplo: juzgar correctamente lo que hay en el corazón, percibir espíritus malos y buenos, y al mismo tiempo, poder ver más allá de la atmósfera física para penetrar y ver el mundo espiritual.

¿Cuáles son algunos de los propósitos del don de discernimiento de espíritus?

- *Liberar* a los oprimidos por el enemigo.

Dios nos muestra los espíritus que atormentan a las personas, para que las liberemos de toda opresión del enemigo.

"18El Espíritu del Señor está sobre mí, por cuanto me ha ungido para dar buenas nuevas a los pobres; me ha enviado a sanar a los quebrantados de corazón, a pregonar libertad a los cautivos y vista a los ciegos, a poner en libertad a los oprimidos..." Lucas 4.18

- **Descubrir** a los siervos del diablo.

Hoy día, hay muchos satanistas que se han metido a la iglesia para hacer daño a los creyentes. Por esa razón, necesitamos operar en este don y descubrir a los siervos del diablo.

"11Ahora, pues, la mano del Señor está contra ti, y quedarás ciego y no verás el sol por algún tiempo. Inmediatamente cayeron sobre él oscuridad y tinieblas; y andando alrededor, buscaba quién lo condujera de la mano. 12Entonces el procónsul, viendo lo que había sucedido, creyó, admirado de la doctrina del Señor". Hechos 13.11, 12

- **Exponer** el error.

Hoy día, vemos continuamente espíritus de error operando y trayendo división en el cuerpo de Cristo; pero pueden ser detectados por medio de este don.

"¹Pero el Espíritu dice claramente que, en los últimos tiempos, algunos apostatarán de la fe, escuchando a espíritus engañadores y a doctrinas de demonios..." 1 Timoteo 4.1

- **Resistir** al adversario.

Al enemigo, no se le puede resistir con nuestras propias fuerzas, sino con los dones del Espíritu Santo.

- **Revelar la existencia** de principados y potestades sobre áreas geográficas.

- **Revelar la dirección y el fluir que el Espíritu Santo tiene para un servicio.** Algunas veces, los pastores operamos los servicios de nuestra iglesia siguiendo un programa humano, y no le damos libertad al Espíritu Santo para que nos guíe y nos hable. Sin embargo, mediante el ejercicio de este don, podemos recibir dirección por parte del Espíritu Santo.

- **Revelar las intenciones y los motivos que hay en el espíritu humano.** Jesús pudo detectar los motivos y las intenciones de los religiosos de su tiempo.

"⁸Y conociendo luego Jesús en su espíritu que cavilaban de esta manera dentro de sí mismos, les dijo: ¿Por qué caviláis así en vuestros corazones?"
Marcos 2.8

¿Cómo usted sabe que tiene el don de discernimiento de espíritus?

- **Cuando, a menudo, usted percibe y ve el mundo espiritual.** Hay personas que ope-ran en este don, porque Dios les muestra frecuentemente el porqué de las acciones de las personas, qué clase de espíritu les influencia y, en muchas ocasiones, el Señor les deja ver el espíritu en el mundo espiritual.

- **Cuando usted es muy sensible al mundo espiritual.** Algunas veces, donde quiera que va, percibe y ve cosas en el mundo espiritual.

Cuando una persona tiene el don de discer-nimiento de espíritus, existe una línea de percepción muy fina, entre lo espiritual y lo natural, y si no tiene cuidado, se vuelve dema-siado sensible (más a lo malo que a lo bueno), percibe todo, siente todo y, finalmente, se le vuelve una carga difícil de manejar.

Creo que el don de discernimiento de espíritus es indispensable para un pastor, ya que pueden venir muchas personas disfrazadas de ángeles de luz para apartar a sus ovejas del rebaño.

CAPÍTULO V

Los cinco métodos para profetizar

ios ha dado su Palabra escrita para hablar-nos, guiarnos, corregirnos y enseñarnos. Cada método o medio que Él utiliza para hablarnos debe estar sujeto a lo que está escrito en su Palabra. La Palabra escrita de Dios está por encima de cualquier voz, sueño, visión y testimonio interior. De modo que, si surge cualquiera de estas cosas con apariencia profética, que no está de acuerdo con su Palabra, no podemos recibirla como proveniente de Dios.

Además de la Palabra escrita, Dios tiene cinco canales, por medio de los cuales comunica la palabra profética o la profecía. Éstos son:

1. El ministerio del profeta

El don del profeta no es un don del Espíritu Santo, sino una extensión del ministerio de Jesús dado a la iglesia aquí en la tierra. El oficio o ministerio del profeta ha sido designado y dotado para funcionar en un nivel más alto que el don de profecía dado por el Espíritu Santo. El don de profecía opera en los santos para la edificación, consolación y exhortación de los creyentes, pero el oficio del ministerio de un profeta fue ungido para muchas cosas más.

"¹¹Y él mismo constituyó a unos, apóstoles; a otros, profetas; a otros, evangelistas; a otros, pastores y maestros..."
Efesios 4.11

"⁸Y a unos puso Dios en la iglesia, primeramente apóstoles, luego profetas, lo tercero maestros, luego los que hacen milagros, después los que sanan, los que ayudan, los que administran, los que tienen don de lenguas".
1 Corintios 12.28

¿Qué es un profeta?

El profeta es uno que habla en el nombre de Dios, ya sea en presente, pasado o futuro. En el Antiguo Testamento, los profetas son llamados "videntes". Es un vocero que tiene visiones y revelaciones de parte de Dios. Habla cuando es impulsado por una inspiración repentina e iluminado por una revelación momentánea.

¿Cuáles son las características de un profeta?

- **Se mueve fuertemente en los dones de revelación.**

  Recordemos cuáles son los dones de revelación:

  - Palabra de ciencia

- Palabra de sabiduría
- Discernimiento de espíritus

- A menudo, el profeta tiene la habilidad de ver el mundo espiritual a través del don de discernimiento. Tiene la habilidad de ver el peligro y más allá de las cosas que otros no ven. También, tiene visiones sobrenaturales.

- La mayoría de las veces, los profetas operan bajo otro ministerio. Es decir, que además de ser profetas son pastores, evangelistas o maestros. El ministerio profético siempre va acompañando con otro ministerio. Hay ciertas combinaciones, tales como: Profeta y Evangelista; Profeta y Pastor; Profeta y Maestro; Profeta, Maestro, Pastor y Evangelista. También, se puede dar el caso del Dr. Bill Hamon, que es Profeta y Apóstol.

- Hay una diferencia entre ser un profeta y profetizar. Hay una diferencia entre la oficina del profeta y la profecía. Cualquier creyente puede profetizar, pero eso no lo hace un profeta. Sin embargo, todos los profetas profetizan. La profecía del Nuevo Testamento es para edificar, consolar y exhortar.

- Los profetas traen la revelación profética.

"⁷Porque no hará nada Jehová el Señor, sin que revele su secreto a sus siervos los profetas". Amós 3.7

La revelación puede venir en forma de sueños y visiones. Según la palabra de Dios, los profetas son "videntes"; ellos saben de antemano los planes y los propósitos de Dios antes que éstos sucedan.

- Los profetas tienen gran autoridad.

"¹⁰Mira que te he puesto en este día sobre naciones y sobre reinos, para arrancar y para destruir, para arruinar y para derribar, para edificar y para plantar". Jeremías 1.10

La autoridad profética los hace capaces de arrancar raíces, derribar y destruir toda obra diabólica. Además, ellos tienen autoridad para plantar y para edificar el reino de Dios.

- Los profetas activan los dones en las personas.

"¹⁰Y profeticé como me había mandado, y entró espíritu en ellos y vivieron, y estuvieron sobre sus pies, un ejército grande en extremo". Ezequiel 37.10

La unción de los profetas trae consigo la capacidad de activación. Por medio de sus mensajes, imparten y activan los dones y ministerios a los creyentes. Cuando los creyentes están desubicados y fríos, ellos tienen la unción para ubicarlos y avivarlos.

- Los profetas confirman las cosas de Dios.

"³²Y Judas y Silas, como ellos también eran profetas, consolaron y confirmaron a los hermanos con abundancia de palabras". Hechos 15.32

Dios ha puesto el ministerio del profeta para dar confirmación, y esto es para fortalecer, dar nueva seguridad y remover dudas. Cuando ellos confirman un llamado, una visión, una palabra, una decisión, el pueblo se vuelve firme, constante y crece en el Señor.

- Los profetas son una ayuda en la casa del Señor.

"¹Profetizaron Hageo y Zacarías hijo de Ido, ambos profetas, a los judíos que estaban en Judá y en Jerusalén en el nombre del Dios de Israel quien estaba sobre ellos. ²Entonces se levantaron Zorobabel hijo de Salatiel y Jesúa hijo de Josadac, y comenzaron a reedificar la casa de Dios que estaba en Jerusalén; y con ellos los profetas de Dios que les ayudaban". Esdras 5.1, 2

Cuando Dios está haciendo algo en un lugar, viene la oposición satánica. Por tal razón, Dios envía a los profetas, con el fin de que ayuden al pastor local y eviten los ataques del enemigo. El profeta es un radar espiritual que detecta cualquier maquinación del diablo.

2. El don de profecía

Éste es otro de los canales para profetizar. Según señalamos anteriormente, la palabra profecía en el griego es *"naba"*, que significa burbujear como fuente, fluir hacia delante, declarar una cosa que solamente es conocida por revelación divina.

La profecía es uno de los nueve dones del Espíritu Santo. Es una habilidad y una gracia, que no es dada por la madurez cristiana, sino porque el Espíritu Santo desea bendecir a su pueblo.

"[31] Podéis profetizar todos, uno por uno, para que todos aprendan y todos sean exhortados". 1 Corintios 14.31

Anteriormente, también estudiamos acerca del don de profecía y cómo fluir en este don, pero hay otras cosas importantes que debemos saber y que trataremos a continuación:

Es importante consultar con su cobertura espiritual para que le pueda ayudar a interpretar las profecías. Existen algunos extre-mos a los que las personas han llegado por haber usado el don de profecía para su propio beneficio.

La palabra de Dios nos enseña que usar la profecía para manipular a otros es equivalente al pecado de brujería y hechicería.

Hay muchas personas que utilizan la profecía para unir en matrimonio, llamar al ministerio y enviar personas. También, la utilizan para adquirir dinero, controlar la voluntad de las personas, traer a los creyentes a su ministerio, para intimidar, y así sucesivamente. A todo esto, la palabra de Dios le llama pecado de brujería, y si hay personas que lo practican, tienen que arrepentirse. Sin embargo, el hecho de que haya personas en estos extremos, no significa que no hay profetas genuinos que amen a Dios, y que su único propósito sea exaltar a Jesús y edificar a su pueblo.

Hay más profetas verdaderos y genuinos que profetas falsos.

Si usted es un creyente nuevo y alguien le profetiza, pero tiene alguna duda de la profecía que recibió, vaya y pregúntele a su cobertura pastoral. No tome decisiones a la ligera.

3. La predicación profética

Éste es otro de los cinco métodos por medio de los cuales podemos profetizar.

Según mencioné anteriormente, no es lo mismo predicar que profetizar. La predicación es hablar la palabra escrita; sin embargo, profetizar es hablar por una inspiración divina para suplir una necesidad específica en ese momento. La predicación profética tiene un nivel distinto a la predicación normal y tiene diferentes cualidades.

¿Cuáles son esas características y cualidades?

- Tiene que estar basada en una verdad bíblica. Es algo que está de acuerdo con la Palabra de Dios.

- Las palabras e ilustraciones del predicador son exactamente lo que Dios quiere decir en ese instante.

- El mensaje está dirigido a personas presentes en ese momento.

- Cualquier creyente puede fluir en la predicación profética.

La manera que yo podría describir la predicación profética es cuando, de repente, me desvío del tema para decir: "yo estoy hablando esto y no sé por qué lo estoy diciendo". Algunas veces, el Espíritu Santo nos saldrá al encuentro para revelar una palabra específica a una persona en ese preciso momento.

4. El presbiterio profético

¿Qué es un presbiterio profético?

Un presbiterio es un conjunto o equipo de profetas y ancianos maduros, experimentados y capaces, llenos de sabiduría y de madurez espiritual, probados y calificados, quienes se juntan para ministrar al pueblo de Dios por medio del Espíritu Santo.

"¹Había entonces en la iglesia que estaba en Antioquía, profetas y maestros: Bernabé, Simón el que se llamaba Níger, Lucio de Cirene, Manaén el que se había criado junto con Herodes el tetrarca, y Saulo. ²Ministrando estos al Señor y ayunando, dijo el Espíritu Santo: Apartadme a Bernabé y a Saulo para la obra a que los he llamado". Hechos 13.1, 2

El presbiterio profético es otro de los canales por medio del cual se puede profetizar. Cuando un equipo de hombres y mujeres se juntan para profetizar sobre un pueblo, pueden impartir dones de parte de Dios por medio de la imposición de manos.

¿Cuáles son los propósitos para juntar un presbiterio profético?

- **Confirmar la voluntad de Dios en la vida de una persona.** Cuando el presbiterio profético se junta, confirma el llamado y la voluntad de Dios en los creyentes.

- **La impartición de dones espirituales.**

  "¹⁴No descuides el don que hay en ti, que te fue dado mediante profecía con la imposición de las manos del presbiterio". 1 Timoteo 4.14

- **Encontrar el llamado, la voluntad de Dios y nuestra posición en el cuerpo de Cristo.** El presbiterio profético nos ayuda a descubrir el llamado de Dios en nuestra vida y a encontrar nuestro lugar en el cuerpo de Jesús.

- **Trae crecimiento y madurez espiritual.** Después de haber recibido una palabra de Dios, ésta nos edifica, nos anima y nos promueve a otro nivel.

- **Ordenación al ministerio.** Cuando el presbiterio profético se junta, ordena personas al ministerio, las confirma en su llamado y en la posición que tienen en el cuerpo de Cristo.

Además, las activa para que empiecen a funcionar en lo que Dios las ha llamado.

"⁵Por esta causa te dejé en Creta, para que corrigieras lo deficiente y establecieras ancianos en cada ciudad, así como yo te mandé". Tito 1.5

5. El Espíritu de la profecía y el canto profético

¿Qué es el espíritu de la profecía?

Es el testimonio de Jesús. Éste no es el don de profecía ni es el oficio del profeta, sino una unción que viene de Jesús y la recibe el creyente. En ocasiones, el espíritu de la profecía tiene lugar cuando desciende una unción especial.

"¹⁰Yo me postré a sus pies para adorarlo, pero él me dijo: «¡Mira, no lo hagas! Yo soy consiervo tuyo y de tus hermanos que mantienen el testimonio de Jesús. ¡Adora a Dios!». (El testimonio de Jesús es el espíritu de la profecía)". Apocalipsis 19.10

La manifestación del espíritu de la profecía viene de dos maneras:

- **Cuando se entra en una profunda adoración a Dios.** El adorar a Dios por medio de la música, desata el mover profético.

"¹⁵Pero ahora traedme un músico. Mientras el músico tocaba, la mano de Jehová se posó sobre Eliseo, ¹⁶quien dijo: Así ha dicho Jehová: "Haced en este valle muchos estanques". 2 Reyes 3.15, 16

- **Cuando desciende una unción profética muy fuerte.** Aun personas que no pueden profetizar, lo hacen, porque desciende una unción profética especial. En ocasiones, esto ocurre cuando se está en compañía de profetas muy ungidos; se empieza a adorar y alabar a Dios, y su unción profética poderosa cae sobre la iglesia.

"¹⁰Cuando llegaron allá al collado, la compañía de los profetas le salió al encuentro. Entonces el espíritu de Dios vino sobre él con poder, y profetizó entre ellos". 1 Samuel 10.10

Una de las cosas que hace que el espíritu de la profecía se manifieste sobre una persona o iglesia, es la música. Cuando se toca con todo el corazón, cuando se sabe fluir en la alabanza y en la adoración a Él, esto desata la unción profética sobre nosotros. Es de hacer notar, que el espíritu de la profecía desciende ocasionalmente, y no es algo que se experimente a menudo.

Para concluir, podemos decir que, hemos aprendido que hay cinco métodos para profetizar, y que cada uno de nosotros debe identificarlos, ellos son: el don del profeta, el don de profecía, el presbiterio profético, la predicación profética y el espíritu de la profecía. El Señor quiere consolar, edificar y exhortar a su iglesia por medio de estos cinco métodos.

CAPÍTULO VI

Declaraciones y actos proféticos

studiemos un poco cada una de estas declaraciones y actos proféticos para ver en qué consisten. Hoy día, se habla de actos proféticos y declaraciones proféticas, pero no se tiene un conocimiento claro de cuál es su propósito.

¿Qué es una declaración profética?

Es hablar o declarar algo de parte de Dios. Algunas veces, también incluye hacer predicciones futuras.

¿Qué es un acto profético?

Los actos proféticos preparan el camino para que Dios trabaje, así como lo hizo Juan el Bautista. En esencia, los actos proféticos desatan algo para que Dios actúe. Ellos no desatan a Dios porque Él no está atado, sino que activan su poder para que Él haga algo; es decir, le dan derecho legal a Dios para hacer algo aquí en la tierra. Dios es Todopoderoso para hacer cualquier cosa y ha escogido usar a los hombres para que colaboren con Él; no porque Él necesite al hombre, sino porque así lo decidió.

Hay dos maneras de desatar su poder:

- Nuestra fe y obediencia.
- El declarar y el hablar su Palabra.

Dios está buscando hombres y mujeres que hablen y declaren lo que Él ha dicho en su Palabra. Él está buscando bocas que digan lo mismo que Él dice.

¿Qué es un acto o una declaración profética?

Es algo que es **hecho o dicho** en la esfera natural (esto es en lo físico o terrenal), pero que sus efectos impactan la esfera espiritual, y por consiguiente, regresa para hacer algo en la esfera natural.

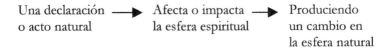

Una declaración o acto natural → Afecta o impacta la esfera espiritual → Produciendo un cambio en la esfera natural

Algunos ejemplos bíblicos de actos y declaraciones proféticas son:

Acciones o actos proféticos

- El arco y las saetas.

"¹⁸Después volvió a decir: Toma las flechas. Luego que el rey de Israel las tomó, le ordenó: Golpea la tierra. Él la golpeó tres veces y se detuvo. ¹⁹Entonces el varón de Dios, enojado contra él, le dijo: De dar cinco o seis golpes,

habrías derrotado a Siria hasta no quedar ninguno, pero ahora derrotarás a Siria sólo tres veces. [20]Eliseo murió y lo sepultaron. Ya entrado el año, vinieron bandas armadas de moabitas a la tierra". 2 Reyes 13.18-20

- Isaías caminó descalzo y desnudo por tres años.

"[1]En el año que vino el Tartán a Asdod, cuando lo envió Sargón rey de Asiria, y peleó contra Asdod y la tomó; [2]en aquel tiempo habló Jehová por medio de Isaías hijo de Amoz, diciendo: Ve y quita el cilicio de tus lomos, y descalza las sandalias de tus pies. Y lo hizo así, andando desnudo y descalzo". Isaías 20.1, 2

Esto simboliza que Egipto y Etiopía estaban en manos de Asiria.

- Moisés alzó la vara.

"[15]Entonces Jehová dijo a Moisés: ¿Por qué clamas a mí? Di a los hijos de Israel que marchen. [16]Y tú, alza tu vara, extiende tu mano sobre el mar y divídelo, para que los hijos de Israel pasen por medio del mar en seco". Éxodo 14.15, 16

"[21]Moisés extendió su mano sobre el mar, e hizo Jehová que el mar se retirara por medio de un recio viento oriental que sopló toda aquella noche. Así se secó el mar y las aguas quedaron divididas. [22]Entonces los hijos de Israel entraron en medio del mar, en seco, y las aguas

eran como un muro a su derecha y a su izquierda".
Éxodo 14.21, 22

"26Pero Jehová dijo a Moisés: Extiende tu mano sobre el
mar, para que las aguas se vuelvan contra los egipcios, sus
carros y su caballería". Éxodo 14.26

Declaraciones proféticas

- En este versículo, Ezequiel **profetiza** a los
  huesos secos y al viento.

"4Me dijo entonces: —Profetiza sobre estos huesos, y
diles: "¡Huesos secos, oíd palabra de Jehová!
Ezequiel 37.4

- Declare una cosa o una palabra y será
  establecida.

"28Determinarás asimismo una cosa, y te será firme, y
sobre tus caminos resplandecerá luz". Job 22.28

- Declare palabras en adoración.

"5Regocíjense los santos por su gloria, y canten aun sobre
sus camas. 6Exalten a Dios con su gargantas, y espadas
de dos filos en sus manos, 7para ejecutar venganza entre
las naciones, y castigo entre los pueblos; 8para aprisionar
a sus reyes con grillos, y a sus nobles con cadenas
de hierro; 9para ejecutar en ellos el juicio decretado;

gloria será esto para todos sus santos. Aleluya".
Salmos 149.5-9

¿De dónde vienen estas declaraciones y actos proféticos?

- Tienen que ser actos y palabras que Dios ordene.

"¹²Me dijo Jehová: Bien has visto, porque yo vigilo sobre mi palabra para ponerla por obra". Jeremías 1.12

"¹Por tanto, hermanos santos, participantes del llamamiento celestial, considerad al apóstol y sumo sacerdote de nuestra profesión, Cristo Jesús..." Hebreos 3.1

La palabra **confesión** en el griego es *"homologeo"*, que significa decir la misma cosa. Dios está buscando bocas que declaren lo que Él dice, que digan y hablen las mismas cosas que Él habla. Él desea hacer su voluntad, por medio de la boca de seres humanos que quieran declararla.

Hay tres cosas que tenemos que hacer para confesar y declarar lo mismo que Dios dice:

- Permitir que Él nos use.
- Estar de mutuo acuerdo con Él.
- Decir lo que Él quiere que sea dicho.

Los actos proféticos todavía son válidos. Por ejemplo, Dick Eastman hizo un acto profético para que la muralla de Berlín cayera y cayó. También, podemos decir que los actos proféticos son actos simbólicos de aquello que esperamos que suceda y que aunque estos parezcan extraños, tienen un gran significado, por ejemplo, en una ocasión un profeta cortó la corbata de un pastor en 40 pedazos, y esto, como señal de que 40,000 personas vendrían a la iglesia. Podríamos citar muchos ejemplos como estos, pero lo más importante es que entendamos que un acto o una declaración profética es un hecho de mucha responsabilidad y que debe estar totalmente de acuerdo con la voluntad de Dios.

Si usted desea escuchar la voz de Dios, pero nunca lo ha recibido como Señor de su vida y salvador de su alma, ahora mismo, donde usted está puede recibir el regalo de la vida eterna a través de Jesucristo. Por favor, acompáñeme en esta oración, y repita en voz alta.

"Padre Celestial: Yo reconozco que soy un pecador, y que mi pecado me separa de ti. Yo me arrepiento de todos mis pecados, y voluntariamente, confieso a Jesús como mi Señor y Salvador, y creo que Él murió por mis pecados. Yo creo, con todo mi corazón, que tú Dios Padre lo resucitaste de los muertos. Jesús, te pido que entres a mi corazón y cambies mi vida. Renuncio a todo pacto con el enemigo; si yo muero, al abrir mis ojos, sé que estaré en tus brazos. ¡Amén!

Si esta oración expresa el deseo sincero de su corazón, observe lo que Jesús dice acerca de la decisión que acaba de tomar:

"⁹Si confiesas con tu boca que Jesús es el Señor y crees en tu corazón que Dios lo levantó de entre los muertos, serás salvo, ¹⁰porque con el corazón se cree para justicia, pero con la boca se confiesa para salvación". Romanos 10.9, 10

"⁴⁷De cierto, de cierto os digo: El que cree en mí tiene vida eterna". Juan 6.47

Conclusión

Es un privilegio, para este ministerio, haber compartido con usted, no sólo el conocimiento sino la experiencia del autor, narrada a lo largo de las páginas de este libro.

Oramos para que usted pueda caminar con la ayuda del Espíritu Santo en una nueva dimensión espiritual, y que este tópico le sirva de inspiración para poder discernir claramente la voz de su amado.

Recuerde que saber escuchar la voz de Dios es fundamental para nuestro éxito personal y ministerial.

*"33Mas el que me oyere, habitará confiadamente
y vivirá tranquilo, sin temor del mal".
Proverbios 1.33*

Bibliografía

Hamon, Bill Dr. *Profetas y Profecía Personal.* Whitaker House, 2001, ISBN: 0-88368-665-1, USA.

Hamon, Bill Dr. *Prophets and the Prophetic Movement.* Destiny Image, 1990, ISBN: 0939868-04-0, USA.

Hamon, Bill Dr. *Manual para la Ministración de los Dones Espirituales,* Christian International Ministries Network, USA.

Hamon, Jane. *Sueños y Visiones.* Publishing Regal, 2000, ISBN: 0-8307-2569-5, USA.

Strong James, LL.D, S.T.D., *Concordancia Strong Exhaustiva de la Biblia,* Editorial Caribe, Inc., Thomas Nelson, Inc., Publishers, Nashville, TN - Miami, FL, EE.UU., 2002. ISBN: 0-89922-382-6.

Diccionario Español a Inglés, Inglés a Español. Editorial Larousse S.A., Printed in Dinamarca, Núm. 81, México, ISBN: 2-03-420200-7, ISBN: 70-607-371-X, 1993.

Biblia Plenitud. 1994 Editorial Caribe, Nashville, TN 37214, ISBN: 9780899222813

Vine, W.E. *Diccionario Expositivo de las Palabras del Antiguo Testamento y Nuevo Testamento.* Editorial Caribe, Inc./División Thomas Nelson, Inc., Nashville, TN, ISBN: 0-89922-495-4, 1999.

Ward, Lock A. *Nuevo Diccionario de la Biblia.* Editorial
Unilit: Miami, Florida, ISBN: 0-7899-0217-6, 1999.

Expanded Edition the Amplified Bible. Zondervan Bible
Publishers. ISBN: 0-31095168-2, 1987 – lockman
foundation USA.

*Reina-Valera 1995 - Edición de Estudio, (Estados Unidos de
América: Sociedades Bíblicas Unidas) 1998.*

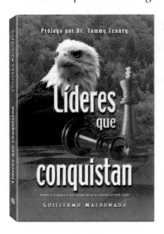
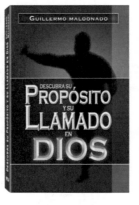

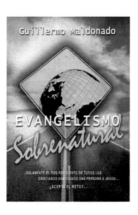

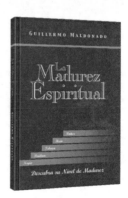

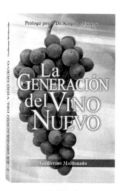
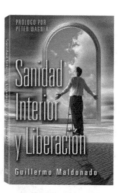

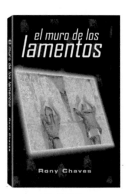